essentials

essentials liefern aktuelles Wissen in konzentrierter Form. Die Essenz dessen, worauf es als „State-of-the-Art" in der gegenwärtigen Fachdiskussion oder in der Praxis ankommt. *essentials* informieren schnell, unkompliziert und verständlich

- als Einführung in ein aktuelles Thema aus Ihrem Fachgebiet
- als Einstieg in ein für Sie noch unbekanntes Themenfeld
- als Einblick, um zum Thema mitreden zu können

Die Bücher in elektronischer und gedruckter Form bringen das Expertenwissen von Springer-Fachautoren kompakt zur Darstellung. Sie sind besonders für die Nutzung als eBook auf Tablet-PCs, eBook-Readern und Smartphones geeignet. *essentials:* Wissensbausteine aus den Wirtschafts-, Sozial- und Geisteswissenschaften, aus Technik und Naturwissenschaften sowie aus Medizin, Psychologie und Gesundheitsberufen. Von renommierten Autoren aller Springer-Verlagsmarken.

Weitere Bände in der Reihe http://www.springer.com/series/13088

Viktor Sarris

Genie und Psychopathologie

Drei psychohistorische Fälle

Viktor Sarris
Fachbereich Psychologie
Goethe-Universität Frankfurt am Main
Frankfurt/Main, Deutschland

ISSN 2197-6708 ISSN 2197-6716 (electronic)
essentials
ISBN 978-3-658-20432-7 ISBN 978-3-658-20433-4 (eBook)
https://doi.org/10.1007/978-3-658-20433-4

Die Deutsche Nationalbibliothek verzeichnet diese Publikation in der Deutschen Nationalbibliografie; detaillierte bibliografische Daten sind im Internet über http://dnb.d-nb.de abrufbar.

Gedruckt auf säurefreiem und chlorfrei gebleichtem Papier

Springer ist Teil von Springer Nature
Die eingetragene Gesellschaft ist Springer Fachmedien Wiesbaden GmbH
Die Anschrift der Gesellschaft ist: Abraham-Lincoln-Str. 46, 65189 Wiesbaden, Germany

Was Sie in diesem *essential* finden können

- Eine einführende Darstellung der Fragestellungen und Probleme der Genie- und Psychopathologieforschung
- Die psychische Problematik von Robert Schumann, Vincent von Gogh und Virginia Woolf aus der psychohistorischen Perspektive
- Ein biopsychosoziales Modell der *Mad Genius*-Hypothese
- Das Desiderat einer interdisziplinären Genie- und Psychopathologieforschung
- Das Problem der Stigmatisierung und Ausgrenzung von Genialen und psychisch Kranken

Vorwort

Das Thema *Genie und Psychopathologie* wird zunehmend empirisch untersucht, allerdings unter eingeschränkten Perspektiven der Erkenntnisgewinnung (Psychologie, Psychiatrie, Hirnforschung). Ein Brückenschlag von den Naturwissenschaften zu den Geistes- und Sozialwissenschaften ist bis heute nicht gelungen. Denn Vieles von den interdisziplinären Untersuchungsansätzen ist entweder unklar geblieben oder wird kontrovers diskutiert. Die Behandlung der psychischen Probleme von Robert Schumann, Vincent van Gogh und Virginia Woolf – im Zentrum dieses Buchs – basiert auf der psychohistorischen Methode. Es wird dafür ein biopsychosoziales Interaktionsmodell der *Mad Genius*-Hypothese verwendet, das ich im Unterricht an der Frankfurter Goethe-Universität mehrfach behandelt habe im Hinblick auf die Lebenskrisen der drei Genialen mit ihren Familienstammbäumen. Während in Kap. 1 und 5 theoretische und aktuell forschungsbetonte Fragen behandelt werden, findet die Darstellung dieser drei Fälle in den übrigen Kapiteln statt (Kap. 2 bis 4).

Für die Fertigstellung des Manuskripts bis zu dessen Drucklegung habe ich Anregungen von verschiedenen Seiten erhalten, dankenswerterweise vor allem von Jürgen Bredenkamp, Kurt A. Heller, Gerd Mietzel, Jörn Scheer, Dean K. Simonton und Peter Völker. Ferner danke ich dem Verlag für die schöne Zusammenarbeit während aller Stadien der Drucklegung, dabei besonders Lisa Bender und Jens Benicke.

Frankfurt am Main
im November 2017

Viktor Sarris

Einleitung

We of the craft (poets) are all crazy.
Lord Byron (1788–1824)

Bis vor kurzem wurde selbst unter Wissenschaftlern das Leben und Werk von psychisch labilen bzw. kranken Genialen mit einer unkritischen Faszination betrachtet, beispielsweise auch im Zusammenhang mit der „Bildnerei von Geisteskranken" (Prinzhorn 1922; Lange-Eichhorn 1928/1986–1996). Auf diese als „Outsiderkunst" bezeichneten Werke von nicht-genialen Kranken wird hier nicht eingegangen, sondern das Leben und Werk von drei in der Musik-, Kunst- und Literaturgeschichte tatsächlich Genialen behandelt (Robert Schumann, Vincent van Gogh, Virginia Woolf).

Eine zugespitzte Frage zu „Genie" und „Wahnsinn" lautet:

Gibt es einen Zusammenhang zwischen Genie und Wahnsinn – oder gilt das, was schon der Psychologe Géza Révész (1952) festgestellt hat, nämlich dass „… die Anzahl der angeblich geistesgestörten Genies bei weitem nicht zur Aufstellung einer Korrelation zwischen Genie und abnormer geistiger Konstitution ausreicht? Die Gegenbeispiele sind so zahlreich, dass man geneigt ist, geradezu die gegenteilige Behauptung aufzustellen, dass unter den genialen Menschen nur ausnahmsweise solche vorkommen, die an Geisteskrankheiten gelitten haben." (Zit. nach Sarris 1985). Umgekehrt impliziert die Frage auch eine Gegenfrage: Sind alle psychisch kranken Menschen mehr oder weniger „genial"? Das wohl kaum (s. Baudson 2008, S. 165–168).

Kürzlich wurde dieses *Mad Genius*-Problem in Frontiers in Psychology wieder aufgegriffen, allerdings kontrovers diskutiert (Abraham 2015). Die Klärung dieses Problems wäre aber wichtig, um so einer Stereotypenbildung zulasten von genialen Menschen entgegenzuwirken (Gonther 2013; Baudson 2016). Aufgabe und Ziel des Buchs ist eine Sichtung der Probleme und Resultate zu Genie und

Psychopathologie anhand der Fälle von Robert Schumann, Vincent van Gogh und Virginia Woolf. Für diese Auswahl gibt es wichtige Gründe, insbesondere die folgenden:

- Alle drei Persönlichkeiten waren nachgewiesenermaßen psychisch krank; ihre psychopathologische Diagnose ist heute klarer als die für viele andere Geniale.
- Diese drei Genialen sind während ihrer Schaffenszeit besonders stark „gegen den Strom" der vorherrschenden sozialen Konventionen geschwommen.
- Alle Drei äußerten sich offen über ihre psychischen Probleme (Tagebücher, Briefe). Für Schumann liegen dessen Krankenakten inzwischen veröffentlicht vor (Kap. 2); bei Van Gogh ist dessen Krankheitsdiagnostik mittlerweile genauer abgesichert (Prins 2016; s. hier Kap. 3); und für Woolf liegt eine auch psychologisch relevante Beurteilung ihres Leidensweges vor (Lee 2006; s. hierzu Kap. 4).

Somit sind wesentliche Voraussetzungen für eine gemeinsame Behandlung aller drei Fälle in diesem Buch gegeben (Schultz 2014; Weisberg 2014).

Inhaltsverzeichnis

1 Genie und Wahnsinn in der Musik, Malerei und Literatur

Die Alltagsbedeutung von „Genie“ basiert oft auf falschen Vorstellungen, beispielsweise auf einem Doppelmythos für das Zustandekommen von genialen Einfällen: Der Mythos der sogenannten „Inspiration“ beinhaltet, dass geniale Einfälle auf göttliche oder andere höhere Eingebungen zurückgehen – das aber steht außerhalb des wissenschaftlichen Denkens. Der Mythos eines „angeborenen“ Talents basiert auf der Annahme, dass Genialität bei einigen Menschen schon von Kindesbeinen an gegeben sei; allerdings steht dies in einem eklatanten Widerspruch zu der empirischen Evidenz der letzten Jahrzehnte. Gibt es für das Konzept Genialität eine wissenschaftlich befriedigende Begriffsbestimmung – falls ja, bietet sie auch eine exakte Definition? Bei der Originalität, Kreativität und Genialität handelt es sich um drei einander überlappende Begriffe für neuartige, schöpferische und produktive Leistungen (Entdecken, Erfinden, Entwerfen). Dabei bezieht sich dieses Begriffsbündel immer auch auf einen soziokulturellen Bezugsrahmen, und das sowohl für die individuelle Genialität als auch für die gesellschaftlichen Anforderungen an ein Individuum (Eibl-Eibesfeld und Sütterlin 2007).

Im Folgenden wird auf die Frage einer Verknüpfung von „Genie“ und „Wahnsinn“ eingegangen und dazu das sogenannte biopsychosoziale Interaktionsmodell herangezogen. Am Kapitelende findet sich eine Auswahl von Basisliteratur. Eine humanistische Perspektive zur menschlichen Kreativität und Genialität im Sinne von „Selbstverwirklichung“ vertritt – neben anderen Humanisten in der Psychologie – bereits Abraham Maslow (1970).

V. Sarris, *Genie und Psychopathologie,* essentials,
https://doi.org/10.1007/978-3-658-20433-4_1

1.1 Was „Genie" und „Wahnsinn" bedeuten

Aristoteles:

Warum sind alle hervorragenden Männer, ob Philosophen, Staatsmänner, Dichter oder Künstler, offenbar Melancholiker?

Schon seit alters her, spätestens seit Aristoteles (384–322 v. Chr.), wird der Zusammenhang zwischen „Genie" und „Wahnsinn" thematisiert, aber erst seit weniger als einem halben Jahrhundert empirisch genauer zu erfassen versucht, das allerdings ohne wissenschaftlich großen Erfolg (Baudson 2008; Ball 2014; Kyaga 2015).

Genialität Im Gegensatz zum laxen Sprachgebrauch wird unter Genialität – nicht mit Hochbegabung zu verwechseln (Heller 2001) – eine herausragende, nahezu einmalige schöpferische Eigenschaft von nur sehr wenigen Menschen verstanden im Zusammenhang mit exzeptionellen geistigen und/oder musischen Leistungen. Über diese Begrifflichkeit hinaus entzieht sich „geniales" Denken und Handeln weitgehend einer genaueren Definition. Genialität ist keine feste Eigenschaft wie etwa die „Augenfarbe" eines Menschen. Die Zuschreibung („Genie") hängt nämlich immer auch von den Merkmalen einer sozialen Anerkennung ab, seien das hervorragende kognitive (Sarris und Mich. Wertheimer 2017), künstlerische (Ginsburg und Wyers 2014), musikalische (Kozbelt 2014) oder literarische (McKay und Kaufman 2014) Leistungen. Es geht dabei nicht zuletzt um die Reputation, die einem „Genialen" bescheinigt bzw. nicht bescheinigt wird (Robinson 2011). Beispielsweise wurde Johann Sebastian Bach als „Genie" erst durch Felix Mendelssohn Bartholdys Wiederentdeckung gefeiert (1827).

Angesichts der unterschiedlichen Verwendung des Geniebegriffs auch in der Fachliteratur soll es hier genügen, davon auszugehen, dass die „Genialität" immer schon „Originalität" und „Kreativität" *voraussetzt.* Dabei ist die „Originalität" nur eine notwendige, aber nicht hinreichende Voraussetzung für ein jedes „kreative" Schaffen; und „Kreativität" ist gleichfalls notwendig, aber nicht hinreichend, um von Genialität zu sprechen (Abb. 1.1). Diese begriffliche Konzeption impliziert unter anderem, dass es exakte Tests für Genialität nicht gibt, mit welchen man objektiv, zuverlässig und auch gültig das „Geniale" eines Menschen erfassen könnte – schon gar nicht eine damit einhergehende geistige „Störung" (Sarris und Lienert 1974). Dabei ist ferner zu beachten, dass sich die Genialität und die psychische Störung nach verschiedenen Graden abstufen lassen (s. Abschn. 5.2).

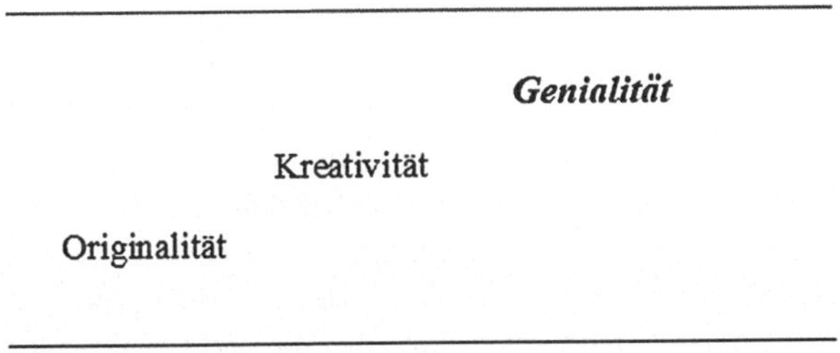

Genialität

Kreativität

Originalität

Abb. 1.1 „Genialität“ setzt „Kreativität“ und „Originalität“ voraus. Vgl. Text.

Wahnsinn Unter Wahnsinn im psychopathologischen Sinn versteht man eine Psychose (Heinz 2015). Dabei meint „Psychose“ eine gravierende – nach Schwerestufen einteilbare – psychische Störung, die mit einer hirnphysiologischen Beeinträchtigung des Realitätssinns einhergeht, was sich in abnormen Störungen des Wahrnehmens, Denkens und der Emotion manifestiert (Davison et al. 2016). Von den psychotischen Störungen (klinische Depression, Schizophrenie) zu unterscheiden sind die neurotischen Erlebnis- und Verhaltensweisen, bei denen weder klare Anzeichen von Gehirnstörungen noch solche eines psychiatrisch abnormen Verhaltens und Erlebens vorhanden sind. Eingedenk des Umstands, dass die psychiatrische Diagnostik zur Zeit von Robert Schumann, Vincent van Gogh und Virginia Woolf noch vorwissenschaftlich war, muss schon deshalb die Interpretation der damaligen Krankendaten mit Vorsicht erfolgen (Kap. 2 bis 4).

In erster Linie interessiert hier die „bipolare Erkrankung“, insbesondere die klinische Depression. Die klinische Depression, neben der Schizophrenie, meint eine Krankheit, die nicht zu verwechseln ist mit der im Alltag viel häufiger anzutreffenden „Melancholie“ (Zehentbauer 2014) oder „Traurigkeit“ (Schett 2017). Im Buch spielen – bei den drei Fällen von Genialen – die (manisch-)depressiven Zustände eine besonders große Rolle (Jamison 1993, 2000).

1.2 Das biopsychosoziale Interaktionsmodell

Das biopsychosoziale Interaktionsmodell beinhaltet eine Erweiterung der statischen (starren) Grundkonzeption der Neurobiologie und Biopsychologie zugunsten der Annahme von dynamischen Wechselwirkungen der biologischen, psychologischen und sozialen Faktoren des Verhaltens und Erlebens (Heinz 2015). Die Neuropsychoimmunologie liefert viele Einzelbelege für diese „plastischen“

(adaptiven) Wechselwirkungen bzw. Interaktionen zwischen diesen drei Faktorengruppen der Stressverarbeitung.

Resilienz Das Konzept der Resilienz meint die inter- und intraindividuell sehr variable psychische Widerstandskraft gegenüber den biologischen, sozialen und persönlichen Hindernissen einer Persönlichkeitsentfaltung. Gerade bei Musikern, Künstlern und Literaten ist Resilienz von ausschlaggebender Bedeutung, da hier – bei starker Ausprägung der individuellen Sensibilität – eine viel höhere psychische Gefährdungslage als bei nicht-genialen Menschen gegeben ist. Dabei müssen Konflikte (Widersprüche) zwischen den individuellen Kreativitäts- und Genialitätsmotiven einerseits und den gesellschaftlichen Konventionen andererseits beachtet werden. Man denke zum Beispiel an quälende Rezidiven der Kindheit und Jugend, persönliche Traumata auch im späteren Leben oder auch an unglückliche große Liebesbeziehungen, die mit gesellschaftssprengenden Leistungen einhergehen, welche aber oft auf Unverständnis und Zurückweisungen bzw. Repressalien stoßen (Sternberg und Kaufman 2010, S. 472–474 und 476–480).

Zur Illustration der Resilienz zwei Positivbeispiele:

- Im Falle des Impressionisten Claude Monet (1840–1926) hat dessen Resilienz in jungen Jahren zur allmählichen Überwindung der massiven Schaffenshindernisse geführt, die ihn sogar an den Rand des Selbstmords (1868) führten (Clémenceaux 1895, 1928; Crespelle 1990; Roe 2007) – ein viel dramatischerer Fall als etwa der von Johann Wolfgang von Goethe mit dessen Schaffenskrise im Zuge der Verfechtung seiner neuen Farbenlehre (Sarris 1999).
- Auch der Komponist Johann Sebastian Bach hat mittels Resilienz viele widrige familiäre und berufliche Lebenssituationen gemeistert, wie das von Andreas Kruse ausführlich gezeigt worden ist (Kruse 2015).

Dagegen weisen diejenigen kreativen bzw. genialen Menschen, die an ihren Schaffens- und Lebenshindernissen gescheitert sind, eine mangelnde bzw. unzureichende Resilienz auf. Die Bedingungen für das individuell sehr verschieden erfolgte Scheitern unserer drei Genialen werden in den nachfolgenden Kapiteln behandelt. Für die Diskussion der *Mad Genius*-Hypothese ist das biopsychosoziale Interaktionsmodell besonders wichtig, auch wenn die einzelnen Zusammenhänge mit den psychischen Störungen gerade bei genialen Menschen noch weitgehend unbekannt sind (s. Kap. 5).

1.3 Aktuelle Fachliteratur

Aus der großen Zahl von Publikationen zur Genie- und Psychopathologieforschung wird hier auf wenige aktuelle Literatur hingewiesen. Die allgemeine Thematik der psychischen Störungen behandelt das folgende Einführungswerk:

Davison, G. H., Neale, J. M. & Hautzinger, M. (2016). Klinische Psychologie (8. Aufl.). Weinheim: Beltz.

Die Psychiaterin Kay R. Jamison betont die familiären (genetischen) Dispositionen für die Entstehung von psychischen Erkrankungen, vor allem die der manisch-depressiven bzw. bipolaren Erkrankung:

Jamison, K. R. (1993). Touched with fire: manic-depressive illness and the artistic temperament. New York: Free Press.

Im Herausgeberwerk von James C. Kaufman werden viele der aktuell diskutierten theoretischen Positionen behandelt:

Kaufman, J. C. (Hrsg.) (2014). Creativity and mental illness. New York: Cambridge University Press.

Das Handbuch von Dean K. Simonton zur Genie-Forschung behandelt die mannigfaltigen Facetten dieses Forschungsgebiets (s. dort auch die Artikel zur psychohistorischen und historiometrischen Methode):

Simonton, K. R. (Hrsg.) (2014). Wiley handbook of genius. New York: Wiley.

In Frontiers in Psychology (2014/2015) werden diverse Positionen zur – umstrittenen – Mad Genius-Hypothese vorgestellt:

Abraham, A. (2015). Editorial: madness and creativity – yes, no or maybe? Frontiers in Psychology, 6, 1055-1059.

Die Fachliteratur speziell zu Robert Schumann, Vincent van Gogh und Virginia Woolf findet sich am jeweiligen Kapitelende.

Robert Schumann – passionierter Vorreiter der romantischen Komposition

2

Robert Schumann an Clara Wieck (Brief, 8. Juni 1839):

Ich bin heute in mein 29. Lebensjahr getreten,
vielleicht schon die größte Hälfte von meinem Leben
liegt hinter mir (Quelle: Theo R. Payk 2006: *Robert Schumann: Lebenslust und Leidenszeit.* Bouvier Verlag, Bonn; S. 170).

Die Musik von Robert Schumann (1810–1856) – bereits in seiner Jugend fing er an zu komponieren – sollte unsterblich werden. Schumann wurde schon zu Lebzeiten ein sehr erfolgreicher Komponist; und doch starb er unglücklich und krank in der Psychiatrie. In seinem Tagebuch findet sich schon früh der psychologisch wichtige Eintrag, dass „*... ich mich oft sehr wohl befinde, aber noch viel öfter zum Erschießen melancholisch*" (Dezember 1838; s. Payk 2006).

Vieles aus seinem Leben geriet in Vergessenheit. Es dürfte heute nahezu unbekannt sein, dass Schumann

- ein früher Literaturliebhaber war, der dann erst Pianist, danach Komponist werden wollte
- in seinen späteren Kompositionswerken starke Produktionsschwankungen aufwies
- bereits mit 23 Jahren unter einer schweren Depression litt
- in seinem Familienstammbaum sich mehrere weitere psychisch Kranke finden.

Psychische Auffälligkeiten, dabei viele depressive Verstimmungen, gab es schon in Robert Schumanns jungem Leben, mit euphorisch manischen Phasen wechselnd.

V. Sarris, *Genie und Psychopathologie,* essentials,
https://doi.org/10.1007/978-3-658-20433-4_2

2.1 Schumanns Biografie und Psychopathologie

Robert Schumann sollte eigentlich Jurist werden, bevor er sich aber davon grandios distanzierte und zu einem der genialsten Komponisten der romantischen Musik wurde. Bereits als junger Mann litt er unter starken Stimmungsschwankungen (bipolare bzw. manisch-depressive Erkrankung). Ab 1835 begann seine Liebe zu der Pianistin Clara Wieck (s. Briefwechsel); er kämpfte gegen die jahrelangen Widerstände ihres Vaters an, seines früheren Klavierlehrers Ferdinand Wieck (1785–1873) – er setzte sich durch und heiratete Clara 1840, nach Abschluss eines langen zermürbenden Gerichtsverfahrens gegen Wieck. Davor und auch danach lebte er phasenweise in schwerer Depression und tiefster Angst; zum Beispiel 1833 und 1838 sowie auch 1841/1842 und 1844 (s. Zeittafel).

Über ein ihn früh quälendes Ereignis schreibt Schumann seiner Verlobten Clara Wieck Folgendes (*Brief* 1838):

> In der Nacht vom 17ten z. 18ten Oktober 1833 kam mir auf einmal der fürchterlichste Gedanke, den je ein Mensch haben kann, der fürchterlichste, mit dem der Himmel strafen kann – der „den Verstand zu verlieren"- er bemächtigte sich meiner aber mit so einer Heftigkeit, daß aller Trost alles Gebet wie Hohn und Spott dagegen verstummt.

Die Lebensepisode zwischen 1838 und 1839 charakterisiert Robert gegenüber Clara als die *„dunkelste Zeit meines Lebens"* (Franzen 2006; Payk 2006).

Zeittafel Robert Schumann (1810–1856)
! Nervenkrisen sind hier besonders herausgestellt.

1810	Geburt von Robert Schumann am 8. Juni in Zwickau; Vater: August Schumann, Verleger und Schriftsteller (1773–1826), Mutter: Johanna Schumann (1767–1836).
1817–1819	Erster Klavierunterricht. Schumann hört Moscheles (1819). – Clara Wieck wird in Leipzig geboren (13.09.1819).
1822–1827	Erste Auftritte als Pianist (Schulkonzerte 1822). – Tod der Schwester Emilie (Selbstmord 1825). Tod des Vaters (1826). – Erste Liedkompositionen; erste Begegnung mit Schuberts Kompositionen (1827).
1828	Jurastudium zunächst in Leipzig, dann in Heidelberg. Klavierunterricht bei Friedrich Wieck.
1829	(1775–1873). – Reise nach Italien (1829).
1830–1832	Schumann hört Paganini. – *Abegg-Variationen* op. 1; *Papillons* op. 2 (1832); *Toccata* op. 7 (1832 begonnen).

1833–1835	*! Erste schwere Depressionen* (1833). Tod des Bruders Julius und der Schwägerin Rosalie (1833). Gründung: *Neue Zeitschrift für Musik* (1834) – Verlobung mit Ernestine von Fricken (1834; Entlobung 1835). – *Carneval* op 9 (1835).
1836–1841	Entdeckung von Schumanns Liebe für Clara Wieck; Vater Wieck trennt Clara und Robert (1836; heimliche Verlobung 1837); Gericht: Anerkennung einer Ehe, Heirat (1840). – *Carneval* op. 9; *Klaviersonate* op. 11 (1835); *Phantasiestücke* op. 12; *Phantasie* op. 17 (1837); *Carneval de Vienne* op 26 (1839). – Tod des Bruders Eduard. ! *Nervenkrise* (1839). – „Liederjahr": 38 *Lieder* (1840). – *Frühlingssymphonie* op. 38 (1841).
1842–1845	*! Nervenkrise* (?) – „Oratorienjahr": *Das Paradies und die Peri* (1843); *Faust* (1844–1853). – Reise nach Russland. *! Nervenzusammenbruch* (1844). – Schumann lässt sich in Dresden nieder (1844). – *Konzert für Klavier und Orchester* op. 54; *Zweite Symphonie* op. 61 (1845).
1849	Fruchtbares Schaffensjahr: weitere Klavierwerke, Kammermusikwerke, Liederspiele.
1850–1853	Schumann Musikdirektor in Düsseldorf (1850). – *Konzert für Violoncello* op 129; *Rheinische Symphonie* op. 97 (1850); *Vierte Symphonie* (1851); Uraufführung des *Manfred* (1852). – Erste schwere Verstimmung zwischen der „Musikalische Gesellschaft" und Schumann (1852); Schumann gibt nach weiterem Zwist sein Dirigentenamt auf (1853).
1854–1856	*! Geistervariationen* in Es-Dur (1854); *! Wahnsinnsanfall (Halluzinationen); ! Suizidversuch: Schumanns Einweisung* in die Psychiatrie in Endenich bei Bonn (Februar 1854); Schumann stirbt dort am 29. Juli 1856. – Krankenakten *„Robert Schumann in Endenich"* (1854–1856): veröffentlicht im Jahr 2006.

In der Zeittafel sind Robert Schumanns psychopathologische Episoden hervorgehoben *(! Nervenkrisen);* übersichtshalber ist nur ein Teil seiner Kompositionen aufgenommen. Hat Robert den frühen Tod seines Vaters, dann den seiner beiden Geschwister, die Lähmung seiner rechten Hand (mit 23 Jahren), die Auflösung der Verlobung mit Ernestine von Fricken im Alter von 25, den Tod des Bruders Julius sowie den der Schwägerin Rosalie mit 33 Jahren nicht verkraftet und – viel später (1852/1853) – die Kränkungen durch die Mitglieder seines Musikalischen Orchesters in Düsseldorf nicht wegstecken können, sodass er sich im Februar 1854 von der Düsseldorfer Rheinbrücke in das eiskalte Wasser stürzte? Von psychologischem Interesse ist auch, dass Robert im Alter von 20 Jahren bereits *„von der Sehnsucht sich in den Rhein zu stürzen"* geschrieben hat (Tagebucheintrag 1830).

Clara, noch glücklich vor und nach ihrer Hochzeit mit Robert, fürchtet sich 1854 vor dessen wahnhaften Halluzinationen so sehr, dass sie auf seinen Wunsch auf Einweisung in eine psychiatrische Privatklinik eingeht. Ihre Tagebucheintragungen zeugen von Roberts Leidenszeit und seinen Wahnvorstellungen einer „sinfonischen Musik", die er zu hören glaubte: zunächst als „wunderbar", dann aber „schrecklich" („Höllenlärm!") empfindend; schließlich vor Schmerzen schreiend und sich als „Verbrecher" wahrnehmend, der Clara „ein Leid antun" könne. Dazu ihr Tagebucheintrag (12. Februar 1854):

> Die Nacht auf Sonntag, den 12., war wieder eben so schlimm und der Tag auch, denn das Leiden blieb nur zwei Stunden am Morgen aus und stellte sich schon um 10 Uhr wieder ein. Mein armer Robert leidet schrecklich! Alles Geräusch klingt ihm wie Musik! Er sagt, es sei Musik so herrlich mit so wundervoll klingenden Instrumenten, wie man das auf der Erde nie hörte! Aber es greift ihn natürlich furchtbar an.

In diesen Tagen erhält Robert in seinem Wahn (akustische Halluzinationen) auch den Auftrag zu komponieren, und zwar durch die „Engel als Gruß von Mendelssohn Bartholdy und Schubert" (Appel 2006, S. 63). Sein letztes Werk ist in der Zeit des Herbsts 1953 bis Januar 1854 entstanden *(„Geistervariationen")*. Es ist schwer abzuschätzen, welches die ersten untrüglichen Anzeichen für seine Erkrankung waren. Jedenfalls lassen sich die klinisch relevanten Fakten nicht allein durch die Anhäufung seiner widrigen Lebensschicksale erklären (Steinberg 2015).

2.2 Schumanns Krankenakten

Inzwischen ist das Rätsel um Robert Schumanns Krankenakten nahezu gelöst. Diese galten seit seinem Tod als verschollen (Appel 2006; Reimann 2006) – offenbar hielt man diese bis vor kurzem verborgen. Aus ihnen werden die nachfolgenden Einträge – auszugsweise – zitiert:

> 11. April 1854
>
> Gestern bis zum Nachmittag steigende Befangenheit; sagte zum Wärter, es sei von der höchsten Stelle befohlen, dass er in der Hölle verbrannt werde: habe zu viel Böses gethan … In der Nacht sehr unruhig, meist außer Bette, zog sich nicht aus, schlug um sich; „er werde wahnsinnig"; stöhnte wie vor Schmerz; war ganz schlaflos. Seit 5 Uhr früh im Bette bleibend, aber ohne Schlaf; oft vor sich hin lachend.

Robert Schumann hat in Endenich – den Umständen entsprechend – recht freizügig leben können: Er durfte schreiben, Klavier spielen, gelegentlich Besucher empfangen. Allerdings findet sich auch der nachfolgende Eintrag in den Akten:

> 20. April 1854
>
> Versprach gestern Mittag sich ohne Fesselung (sic) ruhig zu Bette zu halten, was er doch nicht hielt. Blieb später in der Jacke ruhig. Aß Mittags Suppe, ½ Fleisch und Wein, Compot. Abends (aß er) nach Nöthigung fast alles vorgesetzte, hatte Nachmittag weichen Stuhl, ging spazieren. Brachte bei der Abendvisite den Wahn vor, seine 1. Frau (*sic*) im Paradies zu sehen; war sehr erfreut, als ihm versichert wurde, daß seine jetzige Frau auch seine 1. sei und noch lebe. Lachte herzlich. Hatte Gehörstäuschungen. War in der Nacht ohne Zwangsmittel ganz ruhig - *(Hervorhebung: V. S.)*.

Die Krankenakten des Jahres 1855 lassen keine Verbesserung seines Leidens erkennen – im Gegenteil (Steinberg 2015, Fig. 6, S. 241):

> 9. März 1855
>
> Gestern Abend gut gestimmt, schrieb an einem Brief, bei der Abendvisite recht mittheilsam. Schlaf und aß gut. (Aber) Sprache zum großen Theil ganz unverständlich.

> 11. März 1855
>
> Gestern ganz ruhig und gut gestimmt. In der Nacht plötzlich aufspringend; ging ans Bett des Wärters, laut schimpfend, (auch) er sey ein Schurke, wie die andern; legte sich später ruhig hin. Bei der Visite dann sehr freundlich, unbefangen, gesprächig gegen den Arzt.

Was Schumann in seinen jungen Jahren erlebte, „suchte ihn nun immer mehr in (Form von) Halluzinationen und Angstzuständen heim“; so beispielsweise die Angst vor einer „Vergiftung“, aber auch die Angst vor der eigenen *„Nemesis“* (d. h. die Wiedererinnerung an frühere schuldbeladene Lebensängste; s. Appel 2006, Fußnote 742):

> 12. März 1855
>
> Bei der Morgenvisite auf dem Sofa sitzend ein Anfall von Angst mit convulsiven Bewegungen in den Gliedern, klagt über Schmerz im Kopf, Druck in der Brust, Angst. Die Sprache sehr behindert, klanglos, unverständlich; (er) befürchte, wahnsinnig zu werden: Die Nemesis verfolge ihn.

Im dritten Krankenhausjahr (1856), während der letzten Lebenstage, zeigen sich bei Schumann zunehmend schwere Krankheitssymptome:

> 15. Juli 1856
>
> Beim Arznei nehmen sehr heftig, trat und schlug um sich; sagte heut, das Frühstück sei Gift, nahm es nicht.
>
> 27. Juli 1856
>
> Ward aufgeregt, als der Wärter sich zu ihm ins Zimmer zu Bett legen wollte; stand einige Male aus dem Bett auf, um den Wärter vom Sofa zu reißen, schrie dabei sehr laut. Beruhigte sich, als der Wärter sein Zimmer verließ. Fieberte abends wieder, dabei ziemlich starkes Schleimrasseln.

Festzuhalten bleibt, dass Robert Schumann oft die Nahrungsaufnahme aus wahnhafter Angst verweigert hat (1854–1856). Seine Frau Clara besuchte ihn am 14. und 23. Juli sowie noch einmal am 27. Juli 1856, in Begleitung des Freundes Johannes Brahms. Er stirbt am 29. Juli und wird am 31. Juli 1856 auf dem Alten Friedhof in Bonn begraben (Meier 2010).

2.3 Schumanns Familienstammbaum und psychologische Interpretation

Hier wird der Darstellung von Kay R. Jamison (1993) gefolgt. Robert Schumanns Familienstammbaum zeigt, dass bereits der Vater August unter einer manisch-depressiven Erkrankung litt und auch die Mutter Johanna phasenweise depressiv war. Seine Schwester Emilie – stark depressiv über viele Jahre – beging Suizid (1825); väterlicherseits verübte auch einer seiner Neffen Selbstmord. Robert und Claras Sohn Ludwig verbrachte 30 Jahre seines Lebens in einer psychiatrischen Anstalt (Abb. 2.1: s. *Schraffur*); ihr weiterer Sohn Ferdinand wurde schwer drogenabhängig.

Der Stammbaum enthält eine überzufällige Anhäufung von psychisch kranken Verwandten; aber er muss mit Vorsicht beurteilt werden, denn zum einen sind die genetischen Anteile an der psychischen Erkrankung post hoc nur schwer abschätzbar, zum anderen ist der Zusammenhang von Roberts Hirnleiden mit den Erkrankungen in seiner Ahnenreihe nicht *exakt* feststellbar.

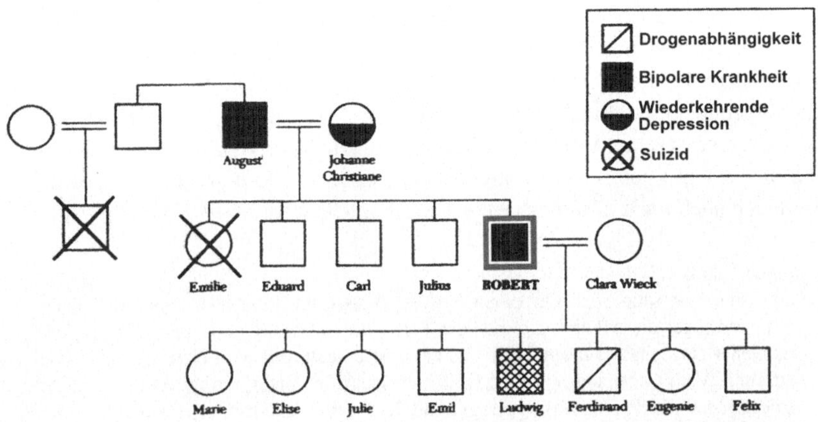

Abb. 2.1 Robert Schumanns Familienstammbaum. Vgl. Text. (Modifiziert nach Jamison 1993)

Psychologische Interpretation Robert Schumann hat bereits in jungen Jahren unter schwierigen familiären Verhältnissen gelebt (s. Zeittafel). Spätestens seit 1833 wechselten bei ihm depressive und manische Phasen seiner bipolaren Krankheit ab (Jamison 1993, S. 203 ff.). Dabei war und blieb Schumann ein genialer und produktiver Komponist, aber gerade die letzte Schaffensphase kam durch sein immer stärker werdendes Nervenleiden zum qualvollen Erliegen. Die Musikwissenschaftlerin und Psychotherapeutin Dagmar Hoffmann-Axthelm hat gezeigt, dass bei Schumann sowohl biologische als auch psychologische Negativfaktoren ineinandergriffen (Hoffmann-Axthelm 2010): Schumanns Musikkarriere und sein persönliches Alltagsleben seien mit besonders widrigen sozialen Hindernissen belastet gewesen – auch seien seine jahrelangen Konflikte mit dem späteren Schwiegervater Ferdinand Wieck sowie seine Auseinandersetzung mit den Düsseldorfer Orchestermitgliedern überaus traumatisch gewesen. Diese Autorin betont somit zu Recht die große Rolle der negativen sozialen Umwelt für Robert Schumanns Leben (bio-, psycho- und soziale Problematik in Schumanns Musik- und Alltagsleben).

Die Frage bleibt offen, ob und inwieweit Schumann zusätzlich zu seiner bipolaren Krankheit an einer Syphilis litt (neurosyphilitisches Krankheitsbild), und das spätestens seit seinen letzten fünf bis zehn Lebensjahren. Den Krankenakten ist nur kurz zu entnehmen, dass sein Leiden durch eine Neurosyphilis mitbestimmt wurde (Appel 2006; s. auch Franzen 2006; Steinberg 2015). Im Hinblick auf das biopsychosoziale Interaktionsmodell wird hier eine nicht exakt bestimmbare Wechselwirkung zwischen den ungünstigen biologischen, psychologischen und sozialen Faktoren für Schumanns Leben angenommen. Wichtig ist und bleibt die folgende Feststellung: Robert Schumanns Genialität setzte sich in seinem musikalischen Gesamtwerk *trotz* dieser negativen Bedingungskonstellation durch. Die bis an sein Lebensende währende Zuneigung von Robert zu Clara Schumann zeigt sich auch noch in seinem letzten Brief an Clara (5. Mai 1855):

> Liebe Clara,
> am 1sten Mai sandte ich Dir einen Frühlingsboten; die folgenden Tage aber waren sehr unruhige; du erfährst aus meinem Brief, den du bis übermorgen erhälst mehr. Es wehet ein Schatten darin; aber was er sonst enthält, das wird dich, meine Holde, erfreuen. Vom Geburtstag unseres Geliebten wußt' ich nicht; darum muß ich Flügel anlegen, daß die Sendung noch morgen mit der Partitur ankömmt. Die Zeichnung von Felix Mendelssohn hab'ich beigelegt, daß du doch in's Album legtest. Ein unschätzbares Andenken! Leb wohl, du Liebe! Dein Robert.

2.4 Fachliteratur

Die vorangegangene Darstellung orientiert sich hauptsächlich an den folgenden Arbeiten:

Appel, B. R. (Hrsg.) (2006). *Robert Schumann in Endenich (1810–1856). Krankenakten, Briefzeugnisse und weitere Dokumente (Schumann Forschungen)*. Mainz: Schott.

Hoffmann-Axthelm, D. (2010). *Robert Schumann: Eine musikalisch-psychologische Studie*. Stuttgart: Reclam.

Payk, T. (2006). *Robert Schumann: Lebenslust und Leidenszeit*. Bonn: Bouvier.

Steinberg, R. (2015). Robert Schumann in the psychiatric hospital at Endenich. *Progress in Brain Research, 216,* 233–275.

Auf die umfangreiche Literatur zu Robert Schumanns Kompositionswerk wird hier verwiesen (Meier, 2010).

3 Vincent van Gogh – heroischer Wegbereiter der expressionistischen Malerei

Vincent van Gogh an seinen Bruder Theo:

Ich tue mein Bestes und setze meine ganze Kraft daran; denn ich habe ein unbändiges Verlangen, schöne Sachen zu machen (Quelle: Vincent van Gogh: Feuer der Seele; Gedanken zum Leben, zur Liebe und zur Kunst, ausgewählt aus seinen Briefen von U. Michel-Wenz. Insel Verlag, Frankfurt a. M., 1990 (S. 59)).

Die Gemälde von Vincent van Gogh (1853–1890) sollten, lange nach seinem Tod, den Übergang vom Impressionismus zum Expressionismus bedeuten und ihn erst dann als deren Schöpfer weltberühmt machen. Van Gogh, vereinsamt und psychisch krank, endete suizidal. Waren es seine langen Krankheitsepisoden, die dafür verantwortlich zu machen sind, oder die fehlende Anerkennung während seines gesamten Künstlerlebens? Angesichts seines umfangreichen Werks – mehr als 400 Gemälde – wird zu wenig beachtet, dass Van Gogh

- fast kein einziges Werk zu seinen Lebzeiten verkaufen konnte und sich nur durch die finanzielle und ideelle Unterstützung seines Bruders Theo van Gogh (1855–1891) über Wasser halten konnte
- im Briefwechsel mit Theo – mehr als 800 Briefe sind erhalten – die entscheidende Quelle seiner mitmenschlichen Kommunikation fand
- während der beiden letzten Lebensjahre fast nur noch in psychiatrischen Institutionen lebte (1889–1990)
- mehrere seiner Verwandten ebenfalls psychisch krank waren (Familienstammbaum).

Wie erklärt sich psychologisch Van Goghs so später Weg hin zur Malerei (ab 1879/1880)?

V. Sarris, *Genie und Psychopathologie*, essentials,
https://doi.org/10.1007/978-3-658-20433-4_3

3.1 Van Goghs Biografie und Psychopathologie

Vincent van Gogh, aufgewachsen in einer Pfarrersfamilie in Groot-Zundern, wurde 1869 im Kunsthandel seines Onkels ausgebildet. Als er damit nicht zurechtkam, wurde er auf eigenen Wunsch Hilfslehrer und dann Laienprediger; ein vom Vater angeratenes Theologiestudium (1877) bricht er ab, um 1878 – wiederum erfolglos – Hilfsprediger zu werden (s. Zeittafel).

Zeittafel Vincent van Gogh (1853–1890)
! Nervenkrisen sind hier besonders herausgestellt.

1853	Geburt von Vincent van Gogh am 30. März in Groot-Zundern/Holland; Vater: 1822–1885, Beruf Pfarrer.
1869–1877	Verschiedene Ausbildungs- und Beschäftigungsverhältnisse (Kunsthandel; Hilfslehrer Laienprediger).
1877–1878	Theologiestudium (Abbruch); Laienprediger im belgischen Steinkohlerevier Borinage.
1879–1880	Van Gogh beginnt, systematisch zu zeichnen; Malunterricht an der Brüsseler Kunstakademie.
1881–1883	Malunterricht in Den Haag. – Beziehung zu Clasina Hoornik, genannt *Sien* (Auseinandersetzungen mit der Familie; Trennung von *Sien*).
1884–1885	Umfangreiche Produktion von Zeichnungen, Aquarellen und Gemälden: Themen aus dem bäuerlichen Milieu; Gemälde *Die Kartoffelleser.*
1886–1887	Mehrmonatiges Kunststudium in Antwerpen. – Van Gogh zieht zu seinem Bruder Theo (Kunsthändler) nach Paris; dort entstehen Blumenstillleben, Landschaftsbilder, Selbstbildnisse. Kleinere Ausstellung *(Du Chalet).*
1888	Im Februar Abreise nach Arles, Südfrankreich; hier entstehen in dichter Folge die berühmtesten Werke van Goghs. Ende Oktober kommt Paul Gauguin: gemeinsames Arbeiten im *„Atelier des Südens";* schwere Spannungen zwischen beiden: Van Gogh schneidet sich sein linkes Ohrläppchen ab, Gauguin verlässt Arles; *! Krankenhausaufenthalte* van Goghs.
1889	Nach weiteren *! Nervenzusammenbrüchen* begibt sich Van Gogh freiwillig in die Heilanstalt St.-Paul-de-Mausole (Saint-Rémy, Provence), auch dort entstehen viele seiner bedeutendsten Gemälde.
1890	*! Erneuter psychischer Zusammenbruch:* Van Gogh in der Obhut des Arztes Ferdinand-Paul Gachet, Auvers-sur-Oise (Nähe von Paris); er setzt seine Maltätigkeit intensiv fort. Am 27. Juli verletzt sich Van Gogh bei einem Selbstmordversuch schwer, er stirbt am 29. Juli 1890.

Unbekannt geblieben ist, ob sich erste psychische Auffälligkeiten bereits in Vincents Jugend oder aber erst im Alter von Anfang bis Mitte 20 Jahren gezeigt haben (Arnold 1993). Gesichert ist das familiäre Zerwürfnis, das sein mehr als zweijähriges Zusammenleben mit der Prostituierten Clasina Hoornik – genannt *Sien* – auslöste (1881–1883). Erstaunlich ist, dass Vincent in dieser Krisenzeit mit ersten beachtlichen Malergebnissen aufwarten konnte *(Strand von Scheveningen 1882; Sorrow 1882; Die Kartoffelesser 1885)*. Beeindruckend, aus psychologischer Sicht, ist dann der Wechsel nach Paris zu seinem Bruder Theo, um dort die Malerei des Impressionismus kennenlernen und mit Vertretern des Neoimpressionismus verkehren zu können (1886–1887). Seine Übersiedlung (1888) nach Arles in Südfrankreich diente dem Ziel, die für ihn charakteristisch werdende Malweise zu entfalten, unter gänzlich neuen Licht- und Farbverhältnissen. Die biopsychologisch besondere Wirkung der neuen Farbenwelt würdigt auch Eric R. Kandel: „Dieser entscheidende (Farb-)Übergang von vergänglichen, oberflächlichen Eindrücken zu einer beständigeren, kraftvolleren und *emotionaleren* Ausdrucksweise wird besonders gut von Van Gogh beschrieben" (Kandel 2012, S. 174; Hervorhebung: V.S.).

Es ist verblüffend, wie ein einzelner Maler sein Talent in so wenigen Jahren derart genial entfalten konnte. Vom Sommer bis zum Herbst 1888 entsteht der größte Teil seiner *Sonnenblumen*-Serie, ferner *Das Gelbe Haus, Der Postbote Roulin, Gauguins Stuhl, Van Goghs Stuhl, Das Schlafzimmer von Vincent in Arles, Die Cafeterrasse.* Die Gemälde wurden in Erwartung des Malerfreundes Paul Gauguin (1848–1903) geschaffen. Van Gogh hatte sogar ursprünglich den Wunsch, dort eine eigene Malerschule *(„Atelier des Südens")* zu gründen, zusammen mit Paul (Paul Gauguin, *Vincent van Gogh malend,* 1988), der Ende Oktober 1888 in Arles eingetroffen war – um jedoch diesen Ort infolge der Auseinandersetzungen mit Vincent wegen der unvereinbaren Kunstauffassungen fluchtartig zu verlassen: In dem wirren Streit mit Paul hatte Vincent am Spätabend des 23. Dezembers sein Ohrläppchen abgeschnitten und dieses einer Prostituierten als Geschenk präsentiert. Er wurde daraufhin in die Psychiatrie eingewiesen, und das bis zum 7. Januar 1889 laut polizeilicher und ärztlicher Dokumente. Diese absurde Begebenheit hat den Blick auf die weiteren lebensbedrohlichen Geschehnisse in Vincents Krankengeschichte vielfach verstellt (Vincent van Gogh, *Selbstbildnis mit verbundenem Ohr,* Januar 1889).

3.2 Van Goghs Krankenhausaufenthalte

Vom Dezember 1888 bis zum Juli 1990 fertigt Van Gogh die vielleicht bedeutendsten Gemälde an, welche die Kunstgeschichte der letzten 125 Jahre zu verzeichnen hat. Dabei geschieht etwas, was auch in der Psychiatriegeschichte einmalig ist, dass nämlich ein psychisch Kranker eine so große Anzahl von genialen Werken – mit späterem Weltruhm – schaffen konnte. Hier werden ausgewählte Dokumente herangezogen, die sich erhalten haben (Lohmann 2009; Bakker et al. 2016). Zunächst in das städtische Krankenhaus von Arles überführt, wird Vincent dort vom Arzt Dr. Felix Rey (1867–1932) untersucht, übrigens in Anwesenheit von Paul Gauguin: Nach der Nacht, in der Vincent sein Ohr abgeschnitten hatte, kam Paul Gauguin zu Dr. Rey, um dessen Hilfe für Vincent in Anspruch zu nehmen und Vincents Aufnahme ins Krankenhaus zu veranlassen. Auf die Frage des Arztes antwortete Gauguin, dass eine Diskussion über ‚malerische Fragen' der Anlass gewesen sei. Vincent wurde ins Hospital geschafft; es zeigte sich, dass er einen starken Blutverlust erlitten hatte. Er stammelte unzusammenhängende Worte. Da sich seine epileptischen Anfälle wiederholten, musste man ihn in die Gummizelle sperren. Nach drei Tagen konnte er in den allgemeinen Krankensaal überführt werden. (Aus Lohmann 2009, S. 215 ff.). Am 7. Januar 1889 verlässt Vincent das Spital; er setzt die Malerei fort (Vincent van Gogh, *Dr. Felix Rey,* Januar 1989). Aber Anfang Februar kommt es bei ihm zu einem erneuten Nervenzusammenbruch mit schweren Halluzinationen; er wird abermals in das Krankenhaus von Arles eingewiesen:

> Gutachten Dr. Albert Delon
>
> Der Unterzeichnende, Doktor der Medizin, ist durch den Hauptkommissar damit beauftragt worden, den Geisteszustand von Herrn Vincent Van Gogh, Maler, wohnhaft in Arles an der Place Lamartine, zu begutachten. Ich traf den Mann in einem Zustand äußerster Erregung an, völlig im Delirium befangen, unzusammenhängende Worte äußernd, die ihn umgebenden Personen nur momentweise erkennend. Im besonderen beherrschen ihn akustische Halluzinationen (er hört Stimmen, die ihm Vorwürfe machen) und die fixe Idee, nach der er das Opfer eines Vergiftungversuchs werden sollte. Der Zustand des Kranken erscheint uns gravierend, so daß uns eine wachsame Beaufsichtigung ebenso nötig erscheint wie eine ärztliche Behandlung; denn sein Geist ist grundlegend gestört.
>
> Arles, den 7. Februar 1889 Dr. A. Delon

Auch Vincents Hausnachbarn sind mehr denn je beunruhigt *(„fou roux");* sie unterzeichnen ein Internierungsgesuch (polizeiliches Protokoll vom 27. Februar) – es erfolgt die weitere Einweisung in das Spital von Arles. Dort wird Vincent vom befreundeten Maler und Neoimpressionisten Paul Signac (1863–1935) besucht, der sich für ihn mit einem *beschwichtigenden* Brief an Theo van Gogh einsetzt:

> Paul Signacs Brief an Theo van Gogh (24. März 1889)
>
> Lieber Herr van Gogh,
> ich habe Ihren Bruder im Zustand völliger körperlicher und seelischer Gesundheit vorgefunden. Wir sind gestern nachmittag und heute morgen zusammen ausgegangen. Er hat mich zu seinen Bildern geführt, die alle sehr bemerkenswert sind, und mehrere sind sehr schön. Sein liebenswürdiger Doktor, der Assistenzarzt Rey, glaubt, daß bei streng geregelter Lebensweise mit festgesetzten Stunden für Essen und Trinken alle Aussicht besteht, daß diese schrecklichen Anfälle nicht wiederkehren. Falls er nicht nach Paris (zu Ihnen) zurückgeht, was nach Ansicht Herrn Reys besser wäre, müßte er jedenfalls ausziehen, da seine Nachbarschaft feindselig gegen ihn eingestellt ist. (Jetzt hat Ihr Bruder Vincent) nur einen Wunsch – ruhig arbeiten zu können.... Richten Sie es also so ein, daß ihm dies Glück zuteil wird. Wie traurig muß dieses Leben für ihn sein.
>
> P. Signac

Im April 1889 beschließt Van Gogh auf eigenen Wunsch, in eine andere psychiatrische Institution zu ziehen, und zwar in das Spital von Saint-Remy de Provence. In dieser Einrichtung, nördlich von Arles, entstehen viele weitere seiner berühmten Gemälde, unter anderem *Die Sternennacht* (1889) und *Der Garten des Saint-Paul Hospitals* (1989). Dort in der Krankenakte heißt es:

> Heilanstalt Saint-Paul-de Mausole, Saint-Remy de Provence
>
> Der Unterzeichnende Chefarzt des Krankenhauses von Arles bestätigt hiermit, daß der genannte Van Gogh Vincent, 36 Jahre alt, seit einem halben Jahr von akutem Irresein mit Tobsucht (manie aigue avec délire généralisé) befallen ist. In jener Zeit schnitt er sich das Ohr ab. Gegenwärtig hat sich sein Zustand um vieles gebessert, doch scheint es ihm ratsam, in einer Nervenheilanstalt behandelt zu werden.
>
> Arles, 7. Mai 1889 Für die Richtigkeit der Abschrift, der Direktor: Dr. T. Peyron

Der behandelnde Arzt Theodore Peyron (1827–1895) steht mit Vincents Bruder Theo in regem brieflichen Kontakt; er informiert über Vincents leichte Besserungen sowie schwerere Krisen (Mai 1889 bis April 1990). Am 1. April 1890 schreibt Peyron an Theo das Folgende: „Ich bedauere, Ihnen mitteilen zu müssen, dass Herr Vincent bis heute seine Geistesklarheit noch nicht vollständig wiedererlangt hat und dass er derzeit nicht in der Lage ist, auf Ihren Brief zu antworten. Dieser Anfall klingt langsamer ab als die vorherigen (…). Ich vertraue nachwievor darauf, dass auch dieses Mal seine Verstandeskräfte wiederkehren; aber es wird länger dauern“ (Lohmann 2009, S. 249 f.). Auf seinen drängenden – wiederholt geäußerten – Wunsch wird Vincent Mitte Mai 1890 aus dem Spital entlassen, um in die Nähe von Theo ziehen zu können. Dazu der folgende Eintrag in die Krankenakte:

> Dr. Theophile Peyron, Saint-Remy de Provence
>
> Der Kranke gibt an, daß eine Schwester seiner Mutter Epileptikerin war und daß es in seiner Familie mehrere derartige Fälle gebe. Was bei diesem Kranken vorgefallen ist, wäre demzufolge nur die Fortsetzung dessen, was sich bei mehreren Familienangehörigen zeigte. Der Kranke hat während seines Aufenthalts in der Anstalt mehrere Anfälle erlitten, die zwischen zwei Wochen und einem Monat dauerten. Während dieser Anfälle wurde er von schrecklichen Angstzuständen heimgesucht und versuchte verschiedene Male, sich zu vergiften, sei es, daß er Farben schluckte, die er für seine Arbeit benutzte, sei es, daß er Petroleum trank, welches er dem Aufseher entwendete (…).
>
> Datum der Entlassung: 16. Mai 1890 Dr. T. Peyron

Seine letzten Lebenswochen verbringt Vincent van Gogh in Auvers-sur-Oise, in der Nähe von Paris. Dort entstehen viele seiner letzten genialen Gemälde. Die ärztliche Betreuung – von dem befreundeten Maler Camille Pissarro (1830–1903) vermittelt – erfolgt hier durch Dr. Paul-Ferdinand Gachet (1828–1909), einem Psychiater und Kunstliebhaber (zum Beispiel: Vincent van Gogh, *Porträt des Dr. Gachet,* Juli 1990). In dieser Zeit schreibt Vincent verzweifelt: *„Ich fühle mich auf der ganzen Linie gescheitert.“* Er stirbt in Auvers am 29. Juli 1890 an einer sich zwei Tage zuvor zugefügten Schussverletzung. Die genauen Todesumstände sind nicht restlos aufgeklärt (Bakker et al. 2016).

3.3 Van Goghs Familienstammbaum und psychologische Interpretation

Vincent van Goghs Familienstammbaum lässt eine auffallende Anhäufung von psychischen Erkrankungen bei den Geschwistern erkennen (Jamison 1993, S. 233 f.). Zum einen litt Vincents Bruder Theo seinerseits unter einer bipolaren Krankheit, zuletzt auch an Symptomen einer unspezifizierten Psychose (Neurosyphilitis?). Der weitere Bruder Cornelius nahm sich das Leben, während die Schwester Wilhelmina mehr als dreißig Jahre in einer psychiatrischen Einrichtung untergebracht war. Über Vincent van Goghs psychiatrische Diagnose ist viel spekuliert worden. Vermutlich litt er neben seiner bipolaren Krankheit zusätzlich unter epileptischen Anfällen, deren genaue Genese bis heute nicht aufgeklärt ist (Prins 2016).

Psychologische Interpretation Van Goghs ursprüngliche Diagnosestellung wurde revisonsbedürftig angesichts des Umstands, dass man bei ihm ein multimorbides Leiden feststellte (Bakker et al. 2016). Von psychologischem Interesse ist besonders Vincents *Briefwechsel* mit dem Bruder Theo (Jansen et al. 2009). Führt man sich die Rolle von Theo van Gogh für Vincent vor Augen – nämlich die Rolle eines grosszügigen Mäzens sowie auch die eines Alter Ego (Bezugsperson) – wird die Bedeutung dieses intensiven, langjährigen Briefwechsels zwischen den zwar ungleichen, aber menschlich einander ergänzenden Brüdern verständlich. Vermutlich ist so auch die besondere Tragweite von Vincents letztem – zum Teil kryptischem – Brief an Theo nur vier Tage vor seinem Suizid zu verstehen: Theo hatte sich beruflich verändern wollen, das nicht zuletzt zum Nachteil von Vincents weiterem finanziellen Auskommen; und Theos Frau Johanna (Jo) stand in diesem Streit zwischen Theo und Vincent (Arnold 1993):

> Brief von Vincent an Theo, Auvers-sur-Oise (23. Juli 1890)
>
> Mein lieber Bruder, danke für Deinen lieben Brief und den 50 Francschein, den er enthielt. Ich würde Dir gern über viele Dinge schreiben, aber ich fühle, daß das keinen Sinn hat. Ich hoffe, dass Du ces messieurs, was Dich angeht, in guter Stimmung angetroffen hast. Was Du mir über den friedlichen Zustand Deines Haushaltes versichert hast, so war das nicht nötig; ich glaube, daß ich das Gute ebenso wie die andere Seite gesehen habe – und ich bin übrigens einer Meinung mit Euch, daß es sowohl für Dich als auch für Jo schwer ist, ein kleines Kind in einem vierten Stockwerk aufzuziehen (…). Es wird wohl noch lange dauern, bis wir die Chance haben, etwas ruhiger über geschäftliche Dinge zu sprechen. Und trotzdem, mein lieber Bruder, bleibt es bei dem, was ich immer gesagt habe – ich sage Dir noch einmal, Du wirst für mich immer etwas anderes sein als ein einfacher Kunsthändler; als mein Vermittler hast Du nämlich sogar Anteil an der Entstehung mancher (meiner) Bilder, die selbst im Scheitern ihre Ruhe behalten. Nun gut, bei meiner Arbeit riskiere ich mein Leben; und mein Verstand ist dabei zur Hälfte draufgegangen – gut – aber, soviel ich weiß und soweit ich das beweisen kann, gehörst Du nicht zu den Menschenhändlern; und ich finde, daß Du wirklich menschlich handelst; aber was willst Du … (Text bricht an dieser Stelle ab).

Dieser letzte – abgebrochene – Brief macht Van Goghs Gefühle der Ausweglosigkeit gut nachvollziehbar. Vier Tage später geht Vincent in die Weizenfelder, hinter der Kirche von Auvers, um dort an dem unvollendet gebliebenen Gemälde weiterzuarbeiten (Vincent van Gogh, 27. Juli 1890: *Baumwurzeln*). Zwei Tage später stirbt er an seiner Schussverletzung.

3.4 Fachliteratur

Für die Darstellung wurden vor allem die folgenden Werke herangezogen (s. umfangreiche Literatur bei Arnold, 1993):

Arnold, M. (1993). Vincent van Gogh. München: Kindler.

Bakker, N., Tilborgh, L. van & Prins, L. (Eds.) (2016). On the verge of insanity. Brussels: Mercatorfonds.

Prins, L. (2016). What was wrong with van Gogh? A summary of the diagnoses. In N. Bakker, L. van Tilborgh & L. Prins (Eds.), On the verge of insanity (pp. 121–128). Brussels: Mercatorfonds.

4 Virginia Woolf – engagierte Schriftstellerin der Erlebniswelt

Virginia Woolf, (Tagebuch 1926):

Oh, es fängt an, es kommt – das Entsetzen – physisch wie eine schmerzhafte Welle, die um das Herz anschwillt, mich hochschleudert. Ich bin unglücklich, unglücklich! (Quelle: H. Lee, Virginia Woolf: ein Leben. Frankfurt a. M.: Fischer 2006, S. 251).

Virginia Woolf (1882–1941) – eine große Schriftstellerin des Erlebens (Empathie) und prominente Vertreterin der Frauenemanzipation im England der ersten Hälfte des 20. Jahrhunderts – hat einen Großteil ihres Lebens unter der bipolaren Krankheit gelitten. Vielen Lesern von Woolfs Werken ist unbekannt geblieben, dass Woolf

- in ihrem Werk die Methode der Selbstbeobachtung („Bewusstseinsstrom") im Sinne des Psychologen William James verwendete
- schon seit ihrer Jugend eine kulturell und politisch engagierte Person war
- in ihrem Elternhaus eine konfliktreiche Kindheit und Jugend verbrachte
- mehr als 35 Jahre unter ihrer manisch-depressiven Krankheit zu leiden hatte
- viele ihrer Verwandten ebenfalls psychisch auffällig waren (Familienstammbaum).

Virginias Ehemann, Leonard Woolf (1880–1969), mit dem sie seit 1912 verheiratet war, dokumentierte ihre Krankheitsepisoden von Anfang an. Er schrieb in seiner *Woolf*-Biografie (1961/1991) – zum Beispiel – das Folgende: „In der manischen Phase war sie außerordentlich erregt; ihr Geist arbeitete fieberhaft; sie sprach viel und – auf dem Höhepunkt (‚peak') ihrer Anfälle – unzusammenhängend; sie hatte Halluzinationen und hörte Stimmen; zum Beispiel erzählte sie mir, dass sie die Vögel im Garten vor dem Fenster miteinander griechisch sprechen hörte; sie wurde aggressiv gegenüber den Krankenschwestern" (L. Woolf;

V. Sarris, *Genie und Psychopathologie*, essentials,
https://doi.org/10.1007/978-3-658-20433-4_4

zit. nach Gardner 1999, S. 122 f.). Es wird hier gelegentlich direkter Bezug auf Howard Gardner (Psychologe) sowie Hermione Lee (Literaturwissenschaftlerin) genommen, weil diese beiden Experten die große Bedeutung der emphatischen Selbstbeobachtung von Virginia Woolf gut nachvollziehbar gemacht haben. Virginias Darstellungsmethode sollte – das ist hier besonders wichtig – in Verbindung mit der Psychologie des Bewusstseinsstroms („stream of consciousness") von William James (1842–1906) verstanden werden.

4.1 Woolfs Biografie und Psychopathologie

Was macht Virginia Woolfs Ruhm auch noch viele Jahre nach ihrem Tod aus – ein Erfolg, der noch verbreiteter ab den siebziger Jahren der Frauenbewegung des 20. Jahrhunderts wurde? Neben der literarischen Qualität ihres Werks ist es wohl die kritische Haltung in ihren öffentlichen Auftritten, für die sie viel Anerkennung bekam. Woolf wurde als drittes von vier Kindern des Schriftstellers und Biografen Leslie Stephen (1832–1904) und dessen Frau Julia (geschiedene Ducksworth) geboren. Sie wuchs in London als eines von acht Geschwistern und Halbgeschwistern auf. Sie besuchte keine reguläre Schule, sie hatte aber Privatunterricht und schon als Kind Zugang zur umfangreichen Bibliothek ihres Vaters. Sie wollte schon früh Schriftstellerin werden; bereits 1891 erschien die erste Ausgabe der Familienzeitschrift der Stephens-Kinder, die später den *Bloomsbury*-Kreis, einen berühmten Londoner Intellektuellenzirkel, gründeten (s. Zeittafel).

Zeittafel Virginia Woolf (1882–1941)
! Nervenkrisen sind hier besonders herausgestellt.

1882	Geburt von Virginia Stephen (née Woolf) in London, Tochter des Schriftstellers Leslie Stephen (1832–1904).
1895	Tod der Mutter Julia Duckworth (Influenza) *! Psychische Krise.*
1897	Tod von Viginias Halbschwester Stella. Virginia beginnt, ein Tagebuch zu führen.
1904	Tod des Vaters. *! Erster schwerer Nervenzusammenbruch.* – Erster Artikel für die Frauenbeilage des *Guardian.*
1905	Virginia unterrichtet am Morley College. – Donnerstagsabendtreffen des *Bloomsbury*-Kreises.
1906	Große Griechenlandreise der Stephens-Geschwister. – *! Erkrankung an Nausea* (?).

1910	*! Zweite schwere „Erkrankung" (Depression):* Aufenthalt in einer Privatklinik.
1912	Virginia heiratet Leonard Woolf (1880–1969).
1914	*! Dritter schwerer Nervenzusammenbruch; erster Suizidversuch.*
1915	*! Erneute Depressionen. – Voyage Out* erscheint.
1917	Leonard und Virginia Woolf gründen den Verlag Hogarth Press.
1919	*Night and Day erscheint.*
1922	*Jacob's Room* erscheint. – Virginia begegnet Vita Sackville-West.
1925	*! Weiterer schwerer Nervenzusammenbruch* (1926). – Weitere Werke: *Mrs Dalloway* (1925),
1931	*Orlando* (1928), *A Room for One's Own* (1929), *The Waves* (1931).
1934–1935	*! Erneute schwere Depressionen.*
1939	Die Woolfs besuchen Sigmund Freud in Hampstead.
1941	*! Weitere schwere Depressionen; Virginia Woolfs Suizid* in der Ouse.

Im Jahr 1895 stirbt Virginias Mutter Julia; ihr Tod löst einen großen Schock bei ihr aus. Nur zwei Jahre später stirbt die Halbschwester Stella. Während ihrer Kindheit werden Virginia und die Schwester Vanessa von ihren beiden Halbbrüdern sexuell verschiedentlich belästigt, eine traumatische Erfahrung für Virginia. In ihren Aufzeichnungen vom Sommer 1939 heißt es rückblickend:

> Der Tod meiner Mutter (1895) machte (mich) noch viel zerrissener. Das Ganze war strapaziös. Das bewirkte naturgemäß meinen „Zusammenbruch". Man stellte fest, daß ich einen rasenden Impuls hatte. Er schlug so schnell, daß ich es kaum ertrug. (...). So verlebte ich die zwei Jahre zwischen dem Tod meiner Mutter und dem Tod Stellas im Zustand körperlichen Elends. Pflegte oben in meinem Zimmer zu sitzen und vor Wut zu toben – auf Vater, George (...) - und las und las und las. - (Zit. nach Lee 2006; S. 240).

1895 ist von Virginias späteren Halluzinationen und Suizidversuchen noch nicht die Rede. In ihren Werken hat sie ihr wesentliche Themen ihrer Kindheit und Jugend immer wieder – verklausuliert – aufgegriffen *(Nacht und Tag, Mrs Dalloway, Orlando, Ein Zimmer für sich allein, Zum Leuchtturm, Die Wellen).* Ein wichtiges Beispiel dafür ist die Verarbeitung ihrer eigenen Depressionsproblematik im Roman *Mrs Dalloway* (1925; s. Hogan 2013; Ghalandari und Jamili 2014). Im Konflikt mit sich selbst stellt sie fest, dass ihr Tagebuch kein wirklich persönliches Dokument sei; aber sie wolle, dass es zukünftig zu einem „richtigen" Tagebuch gerate: *„Wie interessant fände ich es, wenn dieses Tagebuch jemals ein richtiges Tagebuch würde: etwas, worin ich Veränderungen sehen, aufkommende Stimmungen verfolgen könnte;* aber dazu müßte ich von der Seele sprechen, & habe ich die Seele nicht von Anfang an verbannt?" (Zit. nach Gardner 1999,

S. 119; Hervorhebung: V. S.). Diese halbironische Feststellung ist ein Beispiel für Virginias emphatische Reflektion. Ein Originalzitat zu ihrer Verwendung der Technik der Selbstreflektion („stream of consciousnes“; zit. nach Brooks 2015):

> Life is not a series of gig lamps symmetrically arranged; life is a luminous *halo*, a *semitransparent envelope* surrounding us from the beginning of consciousness to the end. It is not the task of the novelist to convey this varying, this unknown and uncirumscribed spirit, whatever aberration or complexity it may display. (Hervorhebung: V. S.).

4.2 Woolfs Depressionen

Es gibt keine publizierten Krankenakten für Virginia Woolfs Fall (Caramagno 1992). Fest steht jedoch, dass sie wiederholt wegen ihrer bipolaren Erkrankung in psychiatrischer Behandlung war (Jamison 1993, S. 225; Lee 2006, Kap. „Wahnsinn“). Umso mehr haben sich ihre Tagebücher als wichtige Hilfsmittel für das Verstehen ihrer psychotischen Geisteswelt erwiesen. Das lässt sich auch an Howard Gardners schönem – etwas skurril wirkendem – Beispiel für einen ihrer Wahnanfälle zeigen:

Ich teile Menschen in glückliche und unglückliche ein. Strenge mich an zu schubsen, zu stoßen und niederzumachen. Ich fange an blind vorwärts zu marschieren. Ich spüre, wie Hindernisse fallen. Ich werde steif und kerzengrad & schlafe wieder & bin halb wach & fühle, wie sich die Welle hebt, & beobachte, wie das Licht weißer wird, und frage mich, wie Frühstück & Tageslicht diesmal damit fertig werden (Tagebuch; zit. nach Gardner 1999, S. 110 f.; s. auch Dally 1999).

Die ersten Anzeichen für ihre psychische Labilität gehen bereits auf ihre Kindheitserlebnisse zurück (s. oben); ihre Krankheitsgeschichte ist erst ab 1904 biografisch genauer erfasst: erster Nervenzusammenbruch, danach ihre weiteren Depressionen (1910, zweite Nervenerkrankung), ferner schwere Depressionen zwischen 1914 bis 1915 (dritte, wenn nicht sogar schon vierte Nervenkrise); dann ihre Nervenkrise von 1926 sowie Krankheitsphasen Mitte der 30er Jahre, schließlich diejenigen von 1940/1941. Es heißt, dass Virginia mindestens zwölf Ärzte allein im Zeitraum von 1910 bis 1915 aufsuchte (Lee 2006, S. 238–248). Neben ihren Depressionen litt Virginia Woolf auch unter den Auswirkungen ihrer *manischen* Phasen:

> Bei ihrem dritten Anfall, der 1914 begann, hielt diese (manische) Phase mehrere Monate an und endete damit, daß sie für zwei Tage ins Koma fiel. In der (anschließenden) depressiven Phase waren alle ihre Gedanken und Emotionen das genaue

> Gegenteil des manischen Stadiums: Sie versank tief in Melancholie und Verzweiflung, sprach kaum, weigerte sich zu essen, weigerte sich zu glauben, daß sie krank war, und beharrte darauf, daß sie selbst an ihrem Zustand schuld sei; auf dem Höhepunkt dieses Stadiums unternahm sie Freitodversuche – (L. Woolf, zit. nach Lee 2006, S. 240).

Virginias Einstellung zu ihrem Suizidvorhaben wird von der Psychiaterin Kay R. Jamison (1993, S. 226) einfühlsam wie folgt dargestellt:

> Yet the illness, that drove the lava, also killed her. Unable to live with the certainty that she was "going mad again," she wrote this note to her husband: "We do not know our souls, but alone our souls of others. Human beings do not go hand in hand the whole stretch of the way. There is a virgin forest in each: a snowfield where even the print of the birds' feet is unknown."

Am 28. März 1941 füllt Virginia Woolf sich ihre Taschen mit schweren Steinen und steigt damit in den Fluss Ouse, in der Nähe des Gartens. Ihre Leiche wird erst drei Wochen später gefunden: *„ … ein paar Kinder sahen sie im Fluß treiben"* – (L. Wolf 1991, S. 306; s. auch Lee 2006, S. 981 ff.).

4.3 Woolfs Familienstammbaum und psychologische Interpretation

Mehrere Generationen in Virginia Woolfs Familie waren von psychiatrischen Erkrankungen betroffen: Ihr Großvater, ihr Vater Leslie und auch ihre Mutter Julia sowie einige ihrer Geschwister und eine Nichte litten unter depressiv-manischen Störungen. Ihre Ahnenreihe zeigt eindrucksvoll, dass zwar für ihre drei Halbgeschwister keinerlei Krankheitssymptome vorliegen, jedoch für alle drei *direkten* Geschwister schwere psychische Störungen verzeichnet sind – dabei für Vanessa und Thoby depressive und für Adrian unspezifizierte Symptome (Jamison 1993). Virginias Vater Leslie wird als manisch-depressiv beurteilt; das steht im Einklang nicht nur mit der Diagnose für alle vier krankheitsbelasteten direkten Kinder der zweiten Ehe mit Julia, Virginias Mutter (verheiratet in ihrer erster Ehe mit Herbert Duckworth), sowie mit der Diagnose für die ebenfalls psychotisch belastete Tochter Laura aus seiner ersten Ehe mit Harriet. Auch Virginias Großvater väterlicherseits, James Stephen, galt als depressiv (Jamison 1993). Der Familienstammbaum sollte – ähnlich wie der für Robert Schumann und Vincent van Gogh – mit Vorsicht aufgenommen werden. Denn es sind auch hier nur die genetischen Anteile, nicht aber die der Umweltfaktoren berücksichtigt worden.

Psychologische Interpretation Woolfs Familienstammbaum unterstreicht die genetische Basis ihrer bipolaren Krankheit. Dieser Blickwinkel ist aus naturwissenschaftlicher Sicht berechtigt, bietet allerdings nur eine eingeschränkte Erklärungsbasis für ihre psychischen Probleme: Welche Rolle spielen ihre traumatischen Kindheitserlebnisse sowie auch die vielen weiteren Widrigkeiten ihrer sozialen Umwelt? Von Virginia selbst stammt übrigens der Hinweis, dass ihre manischen Phasen zum Teil ein kreatives Schaffen sogar begünstigt hätten (Jamison 1993).

Mit der Psychoanalyse von Sigmund Freud, den Virginia 1939 besuchte, konnte sie wenig anfangen, da sie die Bedeutung ihres schriftstellerischen Tuns durch die Psychoanalyse als *herabgewürdigt* sah. Das biopsychosoziale Interaktionsmodell liefert eine Orientierung für ein sinnvolleres Verstehen von Woolfs Lebensweg, allerdings ohne die Möglichkeit einer exakten Erfassung der dynamischen Interaktionen zwischen den einzelnen Entstehungsfaktoren: Welchen Zusammenhang gibt es zwischen Virginias emphatischer Erlebniswelt und ihrer literarischen Darstellungsmethode? Vielleicht lassen die fruchtbaren Phasen ihrer schriftstellerischen Tätigkeit sich auf ihren jeweils „erregten" Geisteszustand zurückführen, da derlei Phasen für einen Schriftsteller wichtig, ja sogar „kostbar" seien, wie die folgende Stelle eines – skurril anmutenden – manischen Erlebnisstrangs von Maisie Johnson in *Mrs Dalloway* illustriert:

> Und jetzt all diese Leute, die steinernen Becken, die Zierblumen, die alten Männer und Frauen, die meisten Invaliden in Rollstühlen – alles schien so komisch. Und Maisie Johnson, die sich dieser ruhig dahintrottenden, leer stierenden, brisegeküßten Gesellschaft anschloß – hockenden und sich putzenden Eichhörnchen, nach Krumen flatternden Sperlingsfontänen, an den Geländern beschäftigten, miteinander beschäftigten Hunden, während die linde warme Luft sie überspülte und dem starren, erstaunten Blick … – Maisie Johnson hatte buchstäblich das Gefühl, Oh! schreien zu müsse. – (Zit. nach Gardner 1999, S.123).

In ihrem Abschiedsbrief an Leonard kommt auch das psychologisch Wichtige von Virginias Suizidvorhaben zum Ausdruck (28. März 1941):

> Liebster,
>
> ich fühle deutlich, dass ich wieder verrückt werde. Ich glaube, wir ertragen eine so schreckliche Zeit nicht noch einmal. Und diesmal werde ich nicht wieder gesund werden. Ich höre Stimmen und kann mich nicht konzentrieren. Also tue ich das, was mir das Beste zu sein scheint. Du hast mir das größtmögliche Glück geschenkt. Du bist mir alles gewesen, was jemand für einen Menschen sein kann. Ich glaube nicht, das zwei Menschen glücklicher hätten sein können, bis diese schreckliche Krankheit

kam. Ich kann nicht mehr kämpfen. Ich weiß, daß ich Dein Leben ruiniere, daß Du ohne mich arbeiten könntest. Und das wirst du auch, ich weiß es. Du siehst, nicht mal das hier kann ich ordentlich schreiben. Ich kann nicht lesen. Was ich sagen möchte, ist, daß ich alles Glück in meinem Leben Dir verdanke. Du bist geduldig mit mir gewesen und unglaublich gut. Das möchte ich sagen – jeder weiß es. Wenn jemand mich hätte retten können, wärest Du es gewesen. Alles andere hat mich verlassen, außer dem sicheren Wissen um Deine Güte. Ich kann Dein Leben nicht länger ruinieren.

Ich glaube nicht, daß zwei Menschen glücklicher hätten sein können, als wir es waren.

V. – (Zit. nach L. Woolf 1991; S. 305 f.).

4.4 Fachliteratur

Die obige Darstellung basiert vor allem auf der nachfolgenden Literatur (s. umfangreiche Literatur bei Lee, 2006):

Gardner, H. (1999). Kreative Selbstbeobachtung: der Fall Virginia Woolf. In H. Gardner, Kreative Intelligenz: was wir mit Mozart, Freud, Woolf und Gandhi gemeinsam haben (S. 109–127). (2. Aufl.). Frankfurt a. M.: Campus.

Hogan, P. C. (2013). Literary aesthetics: beauty, the brain, and Mrs Dalloway. Progress in Brain Research, 205, 319–337.

Lee, H. (2006). Wahnsinn. In H. Lee, Virginia Woolf: ein Leben (S. 236–269). Frankfurt a. M.: Fischer.

Die *Mad Genius*-Hypothese: methodischer Anspruch und Wirklichkeit

5

Entgegen der Einsicht in die mögliche psychische Gefährdungslage von genialen Menschen werden Kreativität und Genialität in der Humanistischen Psychologie von Abraham Maslow, Carl Rogers oder Rollo May als ein Zeichen psychischer Gesundheit aufgefasst im Sinne der Selbstverwirklichung. Dieser Gedanke findet sich oft auch bei den Vertretern der heutigen sogenannten *Positiven Psychologie.* Abgesehen von der enormen Vagheit dieser Auffassung gibt es viele ungeklärte Fragen hinsichtlich einer Enträtselung der Kreativität und Genialität bei psychisch gesunden und nicht-gesunden Menschen. In diesem Kapitel werden – als forschungsorientierte Vertiefung der Überlegungen zu den drei in diesem Buch untersuchten Fällen – die Möglichkeiten, aber auch die bisherigen Grenzen einer empirisch fundierten Klärung der *Mad Genius*-Hypothese behandelt.

5.1 Die U-Hypothese – ein empirisch methodischer Weg

Einer von mehreren Nachteilen der psychohistorischen Methode, das heißt der nicht-experimentellen Einzelfallbetrachtung (N = 1) aus historischer Perspektive, besteht – neben dem Mangel an Generalisierbarkeit – in der Gefahr einer einseitigen Beurteilung von historischen Persönlichkeiten aufgrund von „rückwärts" orientierten Interpretationen (sog. Rückschaufehler). Der Rückschaufehler betrifft die verzerrte Blickrichtung der historischen Einzelfalluntersuchung zur *Mad Genius*-Hypothese mit deren Credo: „Geniale Personen haben eine höhere Prävalenz für psychische Störungen als Nicht-Geniale". Es gibt drei verschiedene Lager von Wissenschaftlern, die sich bis heute uneins über dieses zentrale Thema sind, nämlich: a) Die *Mad Genius*-Hypothese trifft zu; b) diese Hypothese ist falsch; oder aber: c) die *Mad Genius*-Hypothese lässt sich zwar unter bestimmten

V. Sarris, *Genie und Psychopathologie*, essentials,
https://doi.org/10.1007/978-3-658-20433-4_5

Bedingungen bestätigen, muss aber unter anderen Bedingungen zurückgewiesen werden (U-Hypothese; s. Abb. 5.1). Im Falle der Gültigkeit von Auffassung (a) wäre weiter zu fragen: Beeinträchtigt Genialität die psychische Gesundheit (a.1) oder gilt umgekehrt die These, dass psychische Erkrankung die Genialität erst hervorruft (a.2) – oder besteht gar eine Interaktion in dem Sinne, dass sich Genialität und psychische Erkrankung wechselseitig bedingen?

Kritiker wie Dietrich (2014) und Schlesinger (2014) bestreiten vehement die Gültigkeit der *Mad Genius*-Hypothese mit dem Argument, dass es unter den Genialen de facto viel mehr Gesunde als psychisch Kranke gibt. Andere Forscher wie James C. Kaufman (Silvia und Kaufman 2010) behaupten dagegen, dass statistisch gesicherte Korrelationen zwischen der Genialität und einer Prävalenz für psychische Störungen existieren. Diese Vertreter haben sogar versucht, die von ihnen gefundenen schwachen Zusammenhänge hirnphysiologisch zu erklären. Die *mittlere* Position wird vom dritten Lager eingenommen, wobei die Prüfung der damit unterstützten U-Hypothese die Verwendung von mehrfach abgestuften (rangskalierten) Variablen sachlogisch voraussetzt.

Beleg für die U-Hypothese Der amerikanische Psychologe Dean K. Simonton (2014a), Vertreter des dritten Lagers, behauptet die Gültigkeit der U-Hypothese (genauer: *umgekehrt* U-förmigen Hypothese), wonach Genialität und psychische Störung nur in einem bestimmten Ausprägungsbereich miteinander korrelieren. Seine Arbeit macht Gebrauch von einem umfangreichen Datenmaterial unter Verwendung der sogenannten historiometrischen Methode, einem Verfahren zur quantitativen

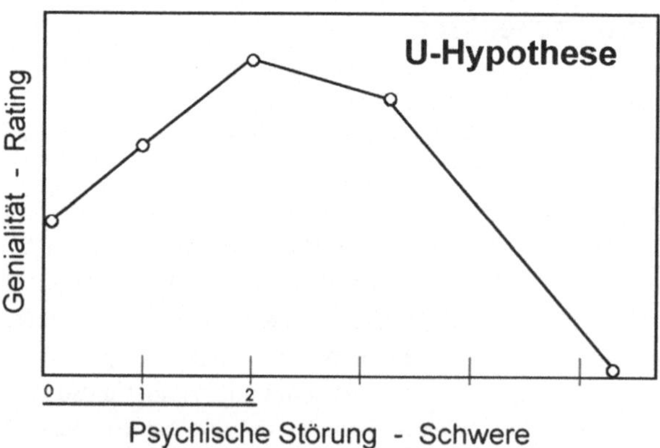

Abb. 5.1 U-Hypothese: umgekehrt U-förmiger Trend für psychische Störung (Abszisse; Schwere 0,1, 2, …) und Genialität (Ordinate; o fiktive Datenpunkte).Vgl. Text

Aufbereitung von historischen Einzelfalldaten. Es erfolgte eine graduelle Abstufung der wichtigsten Variablen, vor allem der Stärke („Schweregrad“) der psychotischen Erkrankung und der Ausprägung von Genialität („Eminenz“) der $N = 204$ genialen Persönlichkeiten, unterteilt in fünf Gruppen von Genialen (Naturwissenschaftler, Künstler, Komponisten, Dichter und Philosophen des 18. und 19. Jahrhunderts). Die beiden wichtigsten Hauptbefunde waren: 1) Der angenommene umgekehrt U-förmige Trend für die Beziehung „Genialität“ und „psychopathologische Schwere“ wurde bestätigt, allerdings nur für die Gruppe der Naturwissenschaftler (Abb. 5.1). 2) Bei Mittelung über sämtliche Daten der Gesamtgruppe (Nichtberücksichtigung der Untergruppen) ergab sich keine Korrelation, sondern ein Verschwinden des positiven Zusammenhangs. Inhaltlich formuliert: Unsere Gesellschaft akzeptiert die Verrücktheit von *Wissenschaftlern* nur bis zu einem mittleren Ausprägungsgrad, um diese noch als „genial“ durchgehen zu lassen; dagegen dürfen *Künstler* – sowie Philosophen, Dichter und Musiker – tatsächlich den höchsten Schweregrad einer psychischen Erkrankung aufweisen, um dann sogar als „supergenial“ eingestuft zu werden. Im Sinne dieses wichtigen Hauptbefunds darf fortan bei Genialität nicht mehr grob (dichotom) zwischen „genial versus nicht-genial“ unterschieden werden, sondern man muss graduell abstufen, zum Beispiel nach *„nicht genial“*, *„etwas genial“*, *„mittel“*, …, … *„genial“*, und das getrennt für jede natürliche Gruppe von Genialen. Entsprechend ist auch anstelle von *„gesund versus krank“* nach *„psychisch gesund“*, *„eher gesund“ „weder – noch“*, *„eher psychisch krank“*, …, *„psychisch krank“* abzustufen.

Überhaupt bedürfen zukünftige Untersuchungen einer wesentlichen Verfeinerung ihrer psychodiagnostischen Verfahren; es müssen auch wichtige Persönlichkeitsmerkmale von Genialen mitberücksichtigt werden (Simonton 2014a, b). Die Erfassung von entwicklungspsychologischen Einflussfaktoren ist ebenfalls geboten. Im *Wiley Handbook of Genius* (Simonton 2014) gehen mehrere Beiträge auf diese und andere Forschungsdesiderata ein (Carson 2014; Jones et al. 2014; McCrae und Greenberg 2014). Demnach bedarf das Grundkonzept der *Mad Genius*-Hypothese einer viel genaueren Ausarbeitung als bisher geschehen – nämlich:

- Die *Mad Genius*-Hypothese ist bis heute nur eingeschränkt empirisch belegt, wie oben am Beispiel gezeigt.
- Die *Mad Genius*-Hypothese ist in ihrer bisherigen Formulierung (Korrelation) ohnehin unhaltbar, wobei die bisher ermittelten „Korrelationen“ nicht etwa „Kausalität“ meinen; ihr Geltungsbereich muss in weiteren Studien auch theoretisch spezifiziert werden.
- Die *Mad Genius*-Hypothese sollte in Verbindung mit der Grundlagenforschung zur Kreativität bei genialen und nicht-genialen Kreativen untersucht werden (Abschn. 5.2).

5.2 Weitere Forschungsperspektiven: multimethodaler Untersuchungsansatz

Die hohe kognitive Komplexität von kreativen und genialen Leistungen macht die Verwendung von miteinander kombinierbaren Methoden erforderlich, zum Beispiel die der kognitiven Verfahren der Psychologen mit denen der neurophysiologischen Methoden der Hirnforscher – mit der konsequenten Überlegung, dass sich die Untersuchungsmethoden der Kreativitäts- und Genieforschung aus verschiedenen Disziplinen fruchtbar ergänzen (Baas et al. 2016; Beaty et al. 2016; s. dazu allerdings kritisch Weisberg et al. 2015).

Beispielsweise lassen sich fünf natürliche Stadien eines kreativen bzw. genialen Denkprozesses unterscheiden: 1) Preparation, 2) Inkubation (Reifung), 3) Erhellung bzw. Einfall, 4) Bewertung eines Einfalls sowie 5) Elaboration (Ausarbeitung). Derlei Stadien können grundsätzlich mittels eines multimethodalen biopsychologischen Forschungsansatzes untersucht werden. Da sich die Methoden der Genie- und Psychopathologieforschung im besten Fall ergänzen, wird hier empfohlen, das von Simonton (2014) herausgegebene *Wiley Handbook of Genius* zu konsultieren. Dazu sollten auch wichtige Persönlichkeitsvariablen, ferner die hirnphysiologischen Netzwerke sowie das einschlägig bedeutsame Faktorenbündel der Resilienz systematisch erforscht werden:

Persönlichkeitsvariablen In Simontons (2014a) Arbeit finden sich bereits einige Hinweise für die Mitberücksichtigung von Persönlichkeitsvariablen (s. die sogenannten „Big Five"-Merkmale der Persönlichkeitspsychologie; Kaufman et al. 2015). Bei der Realisierung eines solchen – sehr aufwändigen – Forschungsprogramms ist die Einbeziehung von personenspezifischen Variablen wie etwa der *Offenheit für Neues* („openness"), der *gezeigten Risikobereitschaft* („risk taking") und der *Motivationsstärke* („positive approach", „*flow*") von kreativen versus nicht-kreativen Menschen unabdingbar.

Kreativität und hirnphysiologische Netzwerke In einigen neueren Arbeiten werden Kreativitätsleistungen zunehmend auch neurophysiologisch untersucht (Beaty et al. 2016; Heilman 2016). Das geschieht mit einem forschungsheuristisch hohen Anspruch, nämlich die komplizierten kognitiven Zusammenhänge der Kreativitäts- und Genialitätsmerkmale neurophysiologisch zu objektivieren, das nicht zuletzt im Zusammenhang mit der bis heute umstrittenen *Mad Genius*-Hypothese. Bei der Schaffung einer entsprechend umfangreichen Untersuchungsbasis ist dann auch wie folgt die Erforschung der Resilienz im Rahmen des biopsychosozialen Modells angezeigt:

Resilienz und biopsychosoziales Interaktionsmodell Die Resilienz, als psychische Widerstandskraft zu verstehen *(stress coping),* geht von inter- und intraindividuell stark variierenden menschlichen Anpassungsleistungen aus. Dabei steht die Untersuchung der einschlägig komplexen Fragen der Neurogenetik, der Neuroendokrinologie sowie der Neuropsychiatrie bei den stressbedingten Gefährdungen an. Beispielsweise geht die Arbeitsgruppe des amerikanischen Hirnforschers Scott Russo davon aus, dass bei Mensch und Tier typischerweise ein extrem negativer Dauerstress zur Entwicklung von schweren neuropsychiatrischen Störungen führen muss und dabei die *Resilienz* mit der neuroendokrinologisch basierten Stressvulnerabilität korreliert ist (Russo et al. 2012; Menard et al. 2017; s. ferner Feder et al. 2012; Engmann 2013). Diese Grundlagenforschung befindet sich heute noch in ihren Anfängen, stellt aber die notwendige Basis für die genauere Untersuchung auch des sogenannten Inhibitionsmodells („shared vulnerability model“) von Shelley Carson zur *Mad Genius*-Hypothese dar (Carson 2011, 2014). In ihrer bisherigen Form bietet das biopsychosoziale Interaktionsmodell lediglich ein allgemeines Rahmenmodell für die forschungslogische Spezifizierung und streng empirisch orientierte Einzelprüfung (Kyaga 2015; Kandel 2016: s. auch Gaukroger 2017).

5.3 Robert Schumann, Vincent van Gogh, Virginia Woolf – ihre Größe, ihre Tragik

Aristoteles, Methaphysik, III 6
Individuum est ineffabile

Es mag der Eindruck entstanden sein, dass bei den im Buch dargestellten drei Fällen von Genialen die Konzepte von *Genie* und *Wahnsinn* jeweils miteinander gekoppelt seien: Robert Schumann verstarb extrem verängstigt und unglücklich in einer psychiatrischen Klinik, Vincent van Gogh verübte in seiner Verzweiflung Suizid, und Virginia Woolf nahm sich wegen ihrer schweren Depressionen das Leben. Ihre Lebenstragik liegt in der schier unvorstellbaren Diskrepanz zwischen der Größe ihrer kulturschaffenden Leistung und der Schwere ihres jeweiligen Leidensweges (Jamison 2000).

Natürlich sprechen die drei Fälle nur scheinbar für die Geltung der *Mad Genius*-Hypothese, denn dagegen stehen die so viel zahlreicheren Fälle von psychisch gesunden Genialen. Für diese allgemeine Tatsache spricht – wie hier mehrfach betont – auch die humangenetische Sichtweise, wonach bei einer überproportionalen Repräsentation von psychischen Störungen im Familienstammbaum eine starke *Veranlagung* vorliegt, wie das auch bei unseren Genialen der Fall war (Jamison 1993). Auch Eric Kandel unterstützt diese Auffassung wie folgt:

> Kay R. Jamison hebt eine interessante Beziehung zwischen der manisch-depressiven Störung und Kreativität hervor. In ihrem Buch *Touched with Fire* dokumentiert Jamison die Überschneidung von künstlerischem und manisch-depressivem Temperament. Sie gibt eine Übersicht über Forschungen, die nahelegen, dass unter Schriftstellern und Künstlern ein sehr viel höherer Anteil eine manisch-depressive (bipolare) oder depressive (unipolare) Erkrankung hat als in der gesamten Bevölkerung (Kandel 2012, S. 577).

Aber es bleibt die Frage bis heute offen, wie man sich bei den gestörten Genies die zu vermutenden Zusammenhänge *exakt* vorzustellen hat: Führt Gestörtheit (Psychose) zu Kreativität und Genialität oder umgekehrt – und falls ja, auf welche nachprüfbare Weise (Kyaga et al. 2011; Kyaga 2015; Power et al. 2016)?

Die Jamison-Kandel-These wird durch die Mitberücksichtigung des biopsychosozialen Interaktionsmodells stark erweitert, damit aber auch forschungsheuristisch um vieles komplizierter. Denn neben den neurogenetischen Anteilen sind auch solche der personenspezifischen Einflüsse sowie der sozialen Umweltfaktoren für eine individuelle psychische Störung zu berücksichtigen (s. *Psychologische Interpretation,* Kap. 2 bis 4). Jedenfalls wird hier – im Sinne eines Credos – festgestellt: Die genialen Leistungen von Robert Schumann, Vincent van Gogh und Virginia Woolf resultierten nicht wegen, sondern *trotz* ihrer psychischen Erkrankung, und das in ihrer jeweiligen Auseinandersetzung mit der ihnen widrigen sozialen Umwelt. Im Fokus unseres Interesses steht damit die Größe, allerdings auch die individuelle Tragik dieser drei Genies, deren Leben und Werk in einem anthropologischen Kontext zu begreifen ist. Möglichenfalls bietet diese Einsicht eine Hilfe bei dem Versuch, die Probleme der Stigmatisierung (Vorurteile) und Diskriminierung (Ausgrenzung) wenigstens im Falle von kreativen und genialen Menschen besser als bisher in den Griff zu bekommen.

Was Sie aus diesem *essential* mitnehmen können

- Fragestellungen und Probleme der Genie- und Psychopathologieforschung
- Die psychische Problematik von Robert Schumann, Vincent van Gogh und Virginia Woolf, anhand von Krankendaten
- Die empirische Untersuchungsbasis für die *Mad Genius*-Hypothese
- Der multidisziplinäre Zugang zur Genie- und Psychopathologieforschung
- Aktuelle Fachliteratur zu *Genie und Psychopathologie*

V. Sarris, *Genie und Psychopathologie*, essentials,
https://doi.org/10.1007/978-3-658-20433-4

Literatur

Abraham, A. (2015). Editorial: Madness and creativity – Yes, no or maybe? *Frontiers in Psychology, 6,* 1055–1059.

Appel, B. R. (Hrsg.). (2006). *Robert Schumann in Endenich (1810–1856). Krankenakten, Briefzeugnisse und weitere Dokumente (Schumann Forschungen).* Mainz: Schott.

Appel, R. B. (2006). Einleitung. In R. B. Appel (Hrsg.), *Robert Schumann in Endenich (1854–1856): Krankenakten, Briefzeugnisse und weitere Dokumente (Schumann Forschungen)* (S. 11–41). Mainz: Schott.

Arnold, M. (1993). *Vincent van Gogh: Biographie*. München: Kindler.

Baas, M., Nijstad, B. A., Boot, N. C., et al. (2016). Mad genius revisited: Vulnerability to psychopathology, biobehavioral approach-avoidance, and creativity. *Psychological Bulletin, 142,* 668–692.

Bakker, N., Tilborgh, van L., & Prins, L. (Hrsg.). (2016). *On the verge of insanity*. Brussels: Mercatorfonds.

Ball, L. C. (2014). The genius in history: Historiographic explorations. In D. K. Simonton (Hrsg.), *Wiley handbook of genius* (S. 3–19). New York: Wiley.

Baudson, T. G. (2008). Kreativität und Psychopathologie. In M. Dresler & T. G. Baudson (Hrsg.), *Kreativität* (S. 165–180). Stuttgart: Hirzel.

Baudson, T. G. (2016). The mad-genius strereotype: Still alive and well. *Frontiers in Psychology, 7,* 216–229.

Beaty, R. E., Benedek, M., Silvia, P. J., et al. (2016). Creative cognition and brain network dynamics. *Trends in Cognitive Science, 20,* 87–95.

Borg, M., & Trenité, D. (2012). The cultural context of diagnosis: The case of Vincent van Gogh. *Epilepsy & Behavior, 25,* 431–439.

Brooks, R. B. (2015). Stream of consciousness as a literary technique. *The Virginia Woolf blog.* (Internet, abgerufen am 08.10. 2017).

Caramagno, T. C. (1992). *The flight of the mind: Virginia Woolf´s art and manic-depressive illness*. Berkeley: University of California Press.

Carson, S. H. (2011). Creativity and psychopathology: A shared vulnerability model. *Canadian Journal of Psychiatry, 56,* 144–153.

Carson, S. H. (2014). Cognitive disinhibition, creativity, and psychopathology. In D. K. Simonton (Hrsg.), *Wiley handbook of genius* (S. 198–221). New York: Wiley.

V. Sarris, *Genie und Psychopathologie,* essentials,
https://doi.org/10.1007/978-3-658-20433-4

Clémenceau, G. (1895). *Les Cathedrale Revolution.* La Justice, May 20 (Zitiert nach G. Clémenceau, 1928).

Clémenceau, G. (1928). *Monet.* Frankfurt a. M.: Insel.

Crespelle, J.-P. (1990). *Monet.* London: Studio Editions.

Dally, P. J. (1999). *The marriage of heaven and hell: Manic depression and the life of Virginia Woolf.* London: St Martin's Press.

Davison, G. H., Neale, J. M., & Hautzinger, M. (2016). *Klinische Psychologie* (8. Aufl.). Weinheim: Beltz.

Dietrich, A. (2014). The mythconception of the mad genius. *Frontiers in Psychology, 5,* https://10.3389/fpsyg.2014.00079.

Eibl-Eibesfeld, I., & Sütterlin, C. (2007). *Weltsprache Kunst. Zur Natur- und Kunstgeschichte bildlicher Kommunikation.* Wien: Brandstätter.

Engmann, B. (2013). Could resilience predict the outcome of psychiatric rehabilitation patients? *Journal of Depression, 2,* 7–17.

Feder, A., Nestler, E. J., & Charney, D. S. (2012). Psychobiology and molecular genetics basis of resilience. *Nature Reviews of Neuroscience, 10,* 446–457.

Franzen, C. (2006). Robert Schumann (1810–1856): „Qualen fürchterlichster Melancholie". *Ärzteblatt, 103,* 2027–2029.

Gardner, H. (1999). Kreative Selbstbeobachtung: Der Fall Virginia Woolf. In H. Gardner (Hrsg.), *Kreative Intelligenz: Was wir mit Mozart, Freud, Woolf und Gandhi gemeinsam haben* (2. Aufl., S. 109–127). Frankfurt a. M.: Campus.

Gaukroger, S. (2017). *„Objektivität". Ein Problem und seine Karriere.* Ditzingen: Reclam.

Ghalandari, S. S. A., & Jamili, L. B. (2014). Mental illness and manic-depressive illness in Virginia Woolf's Mrs *Dalloway. Journal of Novel Applied Sciences, 3,* 482–489.

Ginsburg, V., & Weyers, S. (2014). Evaluating excellence in the arts. In D. K. Simonton (Hrsg.), *Wiley handbook of genius* (S. 509–532). New York: Wiley.

Gonther, U. (2013). Missverständnisse in der Debatte zwischen Geisteswissenschaftlern und Psychiatern am Beispiel von Pierre Bertaux und Uwe-Hendrik Peters. In U. Gonther & J. E. Schlimme (Hrsg.), *Hölderlin und die Psychiatrie* (S. 194–212). Köln: Psychiatrie-Verlag.

Heilman, K. M. (2016). Possible brain mechanisms of creativity. *Archives of Clinical Neuropsychology, 31,* 285–296.

Heinz, A. (2015). *Der Begriff der psychischen Krankheit* (2. Aufl.). Berlin: Suhrkamp.

Heller, K. A. (Hrsg.). (2001). *Hochbegabung im Kindes- und Jugendalter.* Göttingen: Hogrefe.

Hoffmann-Axthelm, D. (2010). *Robert Schumann: Eine musikalisch-psychologische Studie.* Stuttgart: Reclam.

Hogan, P. C. (2013). Literary aesthetics: Beauty, the brain, and Mrs Dalloway. *Progress in Brain Research, 205,* 319–337.

Jamison, K. R. (1993). *Touched with fire: Manic-depressive illness and the artistic temperament.* New York: Free Press.

Jamison, K. R. (2000). *Wenn es dunkel wird: Zum Verständnis des Selbstmordes.* Berlin: Siedler.

Jansen, L., Luijten, H., & Bakker, N. (2009). *Vincent van Gogh – The letters: The complete illustrated annotated edition.* Amsterdam: Thames & Hudson.

Jones, B. F., Reedy, E. J., & Weinberg, B. A. (2014). Age and scientific genius. In D. K. Simonton (Hrsg.), *Wiley handbook of genius* (S. 422–450). New York: Wiley.

Kandel, E. (2012). *Das Zeitalter der Erkenntnis: Die Erforschung des Unbewussten in Kunst, Geist und Gehirn von der Wiener Moderne bis heute*. München: Pantheon.

Kandel, E. (2016). *Reductionism in art and brain science: Bridging the two cultures*. New York: Columbia University Press.

Kaufman, J. C. (Hrsg.). (2014). *Creativity and mental illness*. New York: Cambridge University Press.

Kaufman, S. B., Quilty, L. C., Grazioplene, R. G., et al. (2016). Openness to experience and intellect differentially predict creative achievement in the arts and sciences. *Journal of Personality, 84,* 248–258.

Kozbelt, A. (2014). Musical creativity over the lifespan. In D. K. Simonton (Hrsg.), *Wiley handbook of genius* (S. 451–472). New York: Wiley.

Kruse, A. (2015). *Resilienz bis ins hohe Alter – Was wir von Johann Sebastian Bach lernen können*. Wiesbaden: Springer.

Kyaga, S. (2015). *Creativity and madness: The mad genius in question*. London: Macmillan.

Kyaga, S., Lichtenstein, P., Boman, M., et al. (2011). Creativity and mental disorder: Family study of 300 000 people with severe mental disorder. *British Journal of Psychiatry, 165,* 22–34.

Lange-Eichbaum, W., & Kurth, W. (1986). *Genie, Irrsinn und Ruhm* (6. Aufl.). München: Reinhardt (1. Aufl., 1928 (1996)).

Lee, H. (2006). Wahnsinn. In H. Lee (Hrsg.), *Virginia Woolf: Ein Leben* (S. 236–269). Frankfurt a. M.: Fischer.

Maslow, A. (1970). *Motivation and personality* (2. Aufl.). New York: Harper & Row.

McCrae, R. R., & Greenberg, D. M. (2014). Openness to experience. In D. K. Simonton (Hrsg.), *Wiley handbook of genius* (S. 222–243). New York: Wiley.

McKay, A. S., & Kaufman, J. C. (2014). Litereray geniuses: Their life, work, and death. In D. K. Simonton (Hrsg.), *Wiley handbook of genius* (S. 473–487). New York: Wiley.

Menard, C., Pfau, M. L., Hodes, G. E., et al. (2017). Immune and neuroendocrine mechnisms of stress vulnerability and resilience. *Neuropsychopharmacology, 42,* 62–80.

Payk, T. R. (2006). *Robert Schumann: Lebenslust und Leidenszeit*. Bonn: Bouvier.

Power, R. A., Steinberg, S., Björndottir, G., et al. (2015). Polygenic risk scores for schizophrenia and bipolar disorder predict creativity. *Nature Neuroscience, 18,* 953–955.

Prins, L. (2016). What was wrong with van Gogh? A summary of the diagnoses. In N. Bakker, L. van Tilborgh, & L. Prins (Hrsg.), *On the verge of insanity* (S. 121–128). Brussels: Mercatorfonds.

Prinzhorn, H. (1983). *Bildnerei der Geisteskranken* (3. Aufl.). Heidelberg: Springer (Erstveröffentlichung 1922).

Reimann, A. (2006). Vorwort. In B. R. Appel (Hrsg.), *Robert Schumann in Endenich (1854–1856): Krankenakten, Briefzeugnisse und zeitgenössische Berichte (Schumann Forschungen)* (S. 10–22). Mainz: Schott.

Révész, G. (1952). *Talent und Genie. Grundzüge einer Begabungspsychologie*. München: Lehnen.

Robinson, A. (2011). *Genius: A very short introduction*. Oxford: Oxford University Press.

Roe, S. (2007). *Das private Leben der Impressionisten*. Berlin: Parthas.

Russo, S. J., Murrough, J. W., Ming-Hu, D., et al. (2012). Neurobiology of resilience. *Nature Neuroscience, 15,* 1475–1484.

Sarris, V. (1985). Die (irrige) Annahme einer psychischen Verwandtschaft von „Genie und Irrsinn". In V. Sarris (Hrsg.), *Experimentalpsychologisches Praktikum* (Bd. III, S. 58–59). Weinheim: Beltz (2. Aufl. 1995, Lengerich: Pabst).

Sarris, V. (1999). Goethes Farbenlehre aus heutiger wahrnehmungspsychologischer Sicht. *Psychologische Beiträge, 41,* 74–83.

Sarris, V., & Lienert, G. A. (1974). Konstruktion und Bewährung von klinisch-psychologischen Testverfahren. In W. J. Schraml & U. Baumann (Hrsg.), *Klinische Psychologie* (Bd. II, S. 286–351). Bern: Huber.

Sarris, V., & Wertheimer, M. (2017). Max Wertheimer: Productive Thinking. In H. E. Lück, R. Miller, & G. Sewz (Hrsg.), *Klassiker der Psychologie* (2. Aufl., S. 158–162). Stuttgart: Kohlhammer.

Schett, A. (2017). *Des Menschen Traurigkeit.* Göttingen: Hogrefe.

Schlesinger, J. (2014). Building connections on sand: The cautionary chapter. In J. C. Kaufman (Hrsg.), *Creativity and mental illness* (S. 60–76). Boston: Cambridge University Press.

Schultz, W. T. (2014). The psychobiography of genius. In D. K. Simonton (Hrsg.), *Wiley handbook of genius* (S. 20–32). New York: Wiley.

Schumann, R. (2006). *Briefe 1828–1855.* Frankfurt a. M.: Insel.

Silvia, P. J., & Kaufman, J. C. (2010). Creativity and mental illness. In J. C. Kaufman & R. J. Sternberg (Hrsg.), *Cambridge handbook of creativity* (S. 381–394). Boston: Cambridge University Press.

Simonton, D. K. (2014a). More method in the mad genius controversy: A historiometric study of 204 historic creators. *Psycholology of Aesthetics, Creativity and Arts, 8,* 53–61.

Simonton, D. K. (2014b). The mad-genius paradox: Can creative people be more mentally healthy? *Frontiers in Psychology, 9,* 470–480.

Simonton, K. R. (Hrsg.). (2014). *Wiley handbook of genius.* New York: Wiley.

Steinberg, R. (2015). Robert Schumann in the psychiatric hospital at Endenich. *Progress in Brain Research, 216,* 233–275.

Sternberg, R. J., & Kaufman, J. C. (2010). Constraints on creativity: Obvious and not so obvious. In J. C. Kaufman & R. J. Sternberg (Hrsg.), *Cambridge handbook of creativity* (S. 467–482). Boston: Cambridge University Press.

Weisberg, D. S., Taylor, J. C. E. J., & Hopkins, E. J. (2015). Deconstructing the seductive allure of neuroscience explanations. *Judgment and Decision Making, 10,* 429–441.

Weisberg, R. W. (2014). Case studies of genius: Ordinary thinking, extraordinary outcomes. In D. K. Simonton (Hrsg.), *Wiley handbook of genius* (S. 139–165). New York: Wiley.

Woolf, L. (1991). *Mein Leben mit Virginia: Erinnerungen.* Frankfurt a. M.: Fischer (engl. Original, 1961).

Woolf, V. (1990–2008). *Tagebücher* (5 Bde, hrsg. von K. Reichert). Frankfurt a. M.: Fischer.

Woolf, V. (2006). *Briefe* (2 Bde, hrsg. von K. Reichert & B. Walitzek). Frankfurt a. M.: Fischer.

Zehentbauer, J. (2014). *Melancholie. Die traurige Leichtigkeit des Seins* (4. Aufl.). Berlin: Lehmann.